दुनिया की 18 प्रभावशाली हस्तियां और उनके लेख

जीवन मे सफलता प्राप्ति के लिए उत्तम पुस्तक

दुनिया की 18 प्रभावशाली हस्तियां और उनके लेख

जीवन मे सफलता प्राप्ति के लिए उत्तम पुस्तक

DD BOOKS

Publishers for New Generations

Published by **DD Books**
Delhi, India
ddsalesglobal@gmail.com

Title: दुनिया की 18 प्रभावशाली हस्तियाँ और उनके लेख
Author: **Sarita Sharma and DD Books**

Price: **250/-**
Edition: **2024**

ISBN: **978-9359572345**

विषय सूची

भूमिका

व्यक्तिगत विकास और सफलता साहित्य के क्षेत्र में कुछ सबसे प्रभावशाली लेखकों की कालातीत ज्ञान की यात्रा में आपका स्वागत है। यह संकलन उन साहित्यिक दिग्गजों के सिद्धांतों और अंतर्दृष्टि की एक समृद्ध टेपेस्ट्री को एक साथ लाता है जिन्होंने इस शैली पर एक अमिट छाप छोड़ी है।

इस अन्वेषण में सबसे आगे नेपोलियन हिल हैं, जो एक अग्रणी व्यक्ति हैं, जिनका मौलिक कार्य, "**Think and Grow Rich**", व्यक्तिगत और वित्तीय सफलता प्राप्त करने के इच्छुक व्यक्तियों की पीढ़ियों के लिए एक मार्गदर्शक प्रकाश रहा है। उद्देश्य की निश्चितता और विचार की परिवर्तनकारी शक्ति पर हिल का जोर एक परिवर्तनकारी यात्रा के लिए मंच तैयार करता है।

डेल कार्नेगी, स्व-सहायता पंथ में एक और प्रसिद्ध व्यक्ति, पाठकों को "**How to Win Friends and Influence People**" में मानवीय संबंधों की कला में महारत हासिल करने के लिए आमंत्रित करते हैं। वास्तविक मानवीय संबंध और प्रभावी संचार पर आधारित उनके सिद्धांत व्यक्तिगत और व्यावसायिक दोनों क्षेत्रों में अमूल्य बने हुए हैं।

जेम्स एलन, अपने कालजयी क्लासिक "**As a Man Thinketh**" के माध्यम से यह गहन विचार प्रदान करते हैं कि हमारे विचार हमारे भाग्य को आकार देते हैं। यह संक्षिप्त खंड एक दार्शनिक आधारशिला के रूप में कार्य करता है, जो पाठकों से अपने चरित्र और परिस्थितियों को प्रभावित करने के लिए सकारात्मक और रचनात्मक मानसिकता विकसित करने का आग्रह करता है।

चार्ल्स एफ. हैनेल का "**The Master Key System**" मन और आत्मा की गुप्त शक्तियों को अनलॉक करने के लिए एक व्यवस्थित दृष्टिकोण पेश करता है। जैसे ही आप मानसिक शक्तियों की पेचीदगियों में उतरते हैं, हैनेल का काम आत्म-खोज और अप्रयुक्त क्षमता को उजागर करने का एक खाका प्रदान करता है।

जॉर्ज एस. क्लासन द्वारा लिखित "**The Richest Man in Babylon**" हमें प्राचीन बेबीलोन की यात्रा पर ले जाता है, जहाँ धन-निर्माण और वित्तीय जिम्मेदारी के शाश्वत सिद्धांतों को दृष्टांतों में बुना गया है।

किसी के वित्त के प्रबंधन और समृद्ध भविष्य को सुरक्षित करने के लिए व्यावहारिक और स्थायी सलाह देते हुए, क्लैसन का ज्ञान सदियों से भी आगे है।

ये इस संकलन में प्रदर्शित दिग्गजों में से कुछ हैं। बुकर टी. वाशिंगटन के **"Up from Slavery"** के सशक्त दर्शन से लेकर पी.टी. की उद्यमशीलता संबंधी अंतर्दृष्टि तक। बार्नम की **"The Art of Money Getting"** में प्रत्येक लेखक और उनकी उत्कृष्ट कृति व्यक्तिगत विकास के ताने-बाने में एक अद्वितीय सूत्र का योगदान करती है।

इस साहित्यिक यात्रा पर निकलें, और इन क्लासिक्स के भीतर के सिद्धांत और अंतर्दृष्टि व्यक्तिगत परिवर्तन और सफलता की दिशा में आपका मार्ग रोशन करें। पढ़ने का आनंद लें और आपकी यात्रा इन कालातीत पन्नों में निहित ज्ञान की तरह समृद्ध हो।

नेपोलियन हिल

-1-

नेपोलियन हिल

नेपोलियन हिल स्वयं सहायता और व्यक्तिगत विकास साहित्य के क्षेत्र में एक प्रसिद्ध व्यक्ति हैं। उनकी कई किताबें, जैसे "द लॉ ऑफ सक्सेस" और क्लासिक "थिंक एंड ग्रो रिच", अपने पाठकों को बढ़ने और बदलने में मदद करने के लिए उनकी मजबूत प्रतिबद्धता दिखाती हैं।

हिल के काम को जो खास बनाता है वह यह है कि वह सिर्फ सलाह देने से आगे बढ़कर यह पता लगाता है कि मानव मस्तिष्क कैसे काम करता है। वह ऐसे सिद्धांत और रणनीतियाँ खोजता है जिनसे सफलता मिल सकती है। उनके विचार सिर्फ सिद्धांत नहीं हैं; ये ऐसी चीज़ें हैं जिन्हें वास्तविक और स्थायी परिवर्तन लाने के लिए व्यवहार में लाया जा सकता है। उनका काम पाठकों की यात्रा पर एक विश्वसनीय मार्गदर्शक है, जो कई अंतर्दृष्टि प्रदान करता है जो उनके सोचने और जीने के तरीके को बदल सकता है।

स्व-सहायता और व्यक्तिगत विकास की विशाल दुनिया में, हिल का काम मूल्यवान ज्ञान के खजाने के रूप में सामने आता है। उनके सिद्धांतों में सकारात्मक सोच की शक्ति, स्पष्ट लक्ष्यों की शक्ति और समस्याओं को फायदे में बदलने की कला शामिल है। उनके लेखन के माध्यम से, पाठक न केवल चीजें सीखते हैं, बल्कि उन्हें जीवन की चुनौतियों से मजबूत, उद्देश्यपूर्ण और अपनी क्षमताओं में दृढ़ विश्वास के साथ निपटने के लिए व्यावहारिक उपकरण भी मिलते हैं।

नेपोलियन हिल की विरासत उनकी किताबों से कहीं आगे तक जाती है। यह उन लोगों के मन और हृदय में जीवित है जिन्हें उन्होंने प्रेरित किया है, और यह उन लोगों के लिए एक मूल्यवान और कालातीत मार्गदर्शक बना हुआ है जो खुद को बेहतर बनाना चाहते हैं और जीवन में सफल होना चाहते हैं।

नेपोलियन हिल द्वारा लिखित पुस्तक "Think and Grow Rich" के माध्यम से सफलता हासिल करना:

नेपोलियन हिल ने अपनी अभूतपूर्व पुस्तक "**थिंक एंड ग्रो रिच**" में मानव मन में गहराई से उतरकर प्रत्येक व्यक्ति के भीतर अप्रयुक्त असाधारण क्षमता को उजागर किया है। सकारात्मक सोच और लक्ष्य निर्धारण के सिद्धांतों का उपयोग करते हुए, वह एक ऐसी कहानी बनाते हैं जो वित्तीय सफलता से परे जाती है और उद्देश्य और पूर्ति से भरे जीवन का एक खाका प्रदान करती है।

इस परिवर्तनकारी कार्य की नींव हिल की सकारात्मक सोच की शक्ति की खोज है। उनका तर्क है कि जब मन सकारात्मकता और स्पष्टता के साथ जुड़ जाता है, तो यह एक शक्तिशाली शक्ति बन जाता है जो किसी के भाग्य को आकार दे सकता है। यह पुस्तक पाठकों के लिए उनके विचारों की अप्रयुक्त क्षमता का दोहन करने, उनकी आकांक्षाओं को मूर्त उपलब्धियों में बदलने के लिए एक मार्गदर्शक के रूप में कार्य करती है।

हिल के दर्शन के केंद्र में लक्ष्य निर्धारित करने की कला है। उन्होंने पूरी कहानी में स्पष्ट लक्ष्यों के महत्व को ध्यान से दर्शाया है, और इस बात पर जोर दिया है कि एक स्पष्ट दृष्टि वह दिशा सूचक यंत्र है जो व्यक्तियों को सफलता की ओर ले जाती है। उपाख्यानों और सिद्धांतों के माध्यम से, हिल बताते हैं कि कैसे लक्ष्य निर्धारित करने का सरल कार्य व्यक्तियों को असाधारण ऊंचाइयों तक पहुंचा सकता है, उनकी महत्वाकांक्षाओं के लिए एक रोडमैप तैयार कर सकता है।

"**थिंक एंड ग्रो रिच**" स्व-सहायता शैली में एक आधारशिला कृति बन गई है, जिसने अनगिनत बाद के कार्यों के लिए आधार तैयार किया है। सकारात्मक सोच और लक्ष्य निर्धारण में निहित इसके सिद्धांत, व्यक्तिगत विकास के कालजयी स्तंभ बन गए हैं। हिल की अंतर्दृष्टि, हालांकि दशकों पहले लिखी गई थी, आत्म-सुधार की लगातार बदलती दुनिया में गहरी प्रासंगिकता के साथ गूंजती रहती है।

"**थिंक एंड ग्रो रिच**" सिर्फ एक किताब से कहीं अधिक है; यह मानवीय क्षमता की गहराई में एक परिवर्तनकारी यात्रा है। यह पाठकों को सफलता के प्रति अपने दृष्टिकोण पर पुनर्विचार करने की चुनौती देता है, और उनसे सकारात्मक सोच की शक्ति और लक्ष्य निर्धारण की सटीकता को अपनाने का आग्रह करता है। स्व-सहायता साहित्य की दुनिया में एक प्रकाशस्तंभ के रूप में, यह पुस्तक न केवल वित्तीय समृद्धि बल्कि समग्र और उद्देश्यपूर्ण जीवन चाहने वालों के लिए एक आवश्यक मार्गदर्शिका बनी हुई है।

नेपोलियन हिल के 'सफलता के सिद्धांत':

"**थिंक एंड ग्रो रिच**" में नेपोलियन हिल की गहन अंतर्दृष्टि के मूल में एक एकल, अमूल्य सफलता सिद्धांत निहित है: उद्देश्य की निश्चितता। यह सिद्धांत व्यक्तिगत उपलब्धि के विशाल ब्रह्मांड में मार्गदर्शक सितारे के रूप में कार्य करता है, जो महत्वाकांक्षा के समुद्र में यात्रा करने वालों के लिए पुस्तक के पन्नों से परे एक प्रकाशस्तंभ बन जाता है।

हिल उत्साहपूर्वक तर्क देते हैं कि सफलता केवल अस्पष्ट इच्छाओं का परिणाम नहीं है; बल्कि, यह एक स्पष्ट, अटल दृष्टि की संतान है। उद्देश्य की निश्चितता वह प्रेरक शक्ति बन जाती है जो व्यक्तियों को आगे बढ़ाती

है, प्रत्येक कार्य को उद्देश्य और दिशा से भर देती है। यह वांछित परिणाम की ओर एक लेज़र-केंद्रित प्रक्षेप पथ बनाते हुए, किसी के लक्ष्यों की सावधानीपूर्वक अभिव्यक्ति की मांग करता है।

यह सिद्धांत व्यक्तिगत परिवर्तन के लिए आधारशिला बन जाता है। हिल इस बात पर जोर देते हैं कि व्यक्तियों को न केवल बड़े सपने देखने चाहिए बल्कि अपने सपनों को सटीकता के साथ व्यक्त भी करना चाहिए। शक्ति सिर्फ इच्छा में नहीं बल्कि उस इच्छा की विशिष्टता में निहित है। उपाख्यानों और व्यावहारिक सलाह के माध्यम से, हिल बताते हैं कि कैसे एक दृढ़ उद्देश्य बाधाओं पर काबू पाने, चुनौतियों के माध्यम से बने रहने और अंततः अपेक्षित सफलता प्राप्त करने के लिए उत्प्रेरक बन जाता है।

उद्देश्य की निश्चितता एक स्थिर अवधारणा नहीं है बल्कि एक गतिशील शक्ति है जो किसी के विचारों, कार्यों और निर्णयों को आकार देती है। हिल का काम पाठकों के लिए न केवल इस सिद्धांत के महत्व को समझने के लिए बल्कि इसे अपने जीवन में सक्रिय रूप से शामिल करने के लिए एक मार्गदर्शक के रूप में कार्य करता है। यह एक सफलता युक्ति से कहीं अधिक है; यह एक परिवर्तनकारी दर्शन है, जिसे अपनाने पर, प्रत्येक व्यक्ति के भीतर निहित असाधारण क्षमता को उजागर किया जा सकता है।

उद्धरण:

सफलता की खोज में, नेपोलियन हिल का ज्ञान एक मार्गदर्शक प्रकाश के रूप में खड़ा है, जो हमारी आकांक्षाओं को प्राप्त करने की दिशा में मार्ग को रोशन करता है। उनके तीन गहन उद्धरण उनके दर्शन के सार को समाहित करते हैं, मन की शक्ति, इच्छा के महत्व और निर्णायक कार्रवाई की आवश्यकता पर जोर देते हैं।

"मनुष्य का मन जो कुछ भी सोच सकता है और जिस पर विश्वास कर सकता है, वह उसे हासिल कर सकता है।"

यह सशक्त उद्धरण वास्तविकता को आकार देने के लिए मानव मस्तिष्क की अपार क्षमता को रेखांकित करता है। जब हम अपने लक्ष्यों की स्पष्टता के साथ कल्पना कर सकते हैं और उनकी प्राप्ति में पूरे दिल से विश्वास कर सकते हैं, तो हम उनकी अभिव्यक्ति की नींव रखते हैं। हमारे विचार, हमारी आस्था, हमारी कल्पना ही हमारे सपनों को हकीकत में बदलने की ताकत रखती है।

"सभी उपलब्धियों का प्रारंभिक बिंदु इच्छा है।"

ज्वलंत इच्छा, हम जो हासिल करना चाहते हैं उसके प्रति प्रबल जुनून, हर महत्वपूर्ण उपलब्धि के पीछे प्रेरक शक्ति के रूप में कार्य करता है। यह वह लौ है जो हमारी प्रेरणा को प्रज्वलित करती है, हमें बाधाओं और असफलताओं के माध्यम से आगे बढ़ाती है। अपने लक्ष्यों के प्रति गहरी चाहत के बिना, हम अपनी गति खोने और जड़ता का शिकार होने का जोखिम उठाते हैं। यह तीव्र इच्छा ही है जो हमारे दृढ़ संकल्प और दृढ़ता को बढ़ावा देती है, जिससे हम चुनौतियों से उबरने और अटूट संकल्प के साथ अपनी आकांक्षाओं को आगे बढ़ाने में सक्षम होते हैं।

"इंतज़ार मत करो। समय कभी भी सही नहीं होगा।"

टालमटोल, प्रगति की अभिशाप, अक्सर विवेकशीलता के रूप में सामने आती है, जो सही परिस्थितियों के साकार होने की प्रतीक्षा करती है। हालाँकि, हिल हमसे इस क्षण का लाभ उठाने, अनिश्चितता का सामना करने पर भी निर्णायक रूप से कार्रवाई करने का आग्रह करता है। सच्ची प्रगति अक्सर आराम और परिकलित जोखिम के दायरे से परे होती है, जो उन

लोगों द्वारा गले लगाए जाने की प्रतीक्षा में होती है जो कार्य करने का साहस करते हैं। निर्णायक कार्रवाई को अपनाकर, हम विश्लेषण के पक्षाघात पर काबू पाते हैं और अपने लक्ष्यों की ओर यात्रा शुरू करते हैं, जैसे ही अवसर आते हैं, उन्हें अपनाते हैं।

ये तीन उद्धरण, जिनमें से प्रत्येक हिल के ज्ञान के खजाने में एक रत्न है, सफलता के लिए एक शक्तिशाली सूत्र बनाने के लिए एकत्रित होते हैं। विश्वास की शक्ति का उपयोग करके, अपनी इच्छाओं को प्रज्वलित करके और निर्णायक कार्रवाई को अपनाकर, हम खुद को संभावनाओं की दुनिया के लिए खोलते हैं, जहाँ हमारे सपने उड़ान भर सकते हैं और हमारी आकांक्षाएं पूरी हो सकती हैं। हिल के कालातीत सिद्धांत प्रेरणा की किरण के रूप में काम करते हैं, जो हमें अपनी पूरी क्षमता हासिल करने और अपने सपनों को साकार करने की दिशा में मार्गदर्शन करते हैं।

❀❀❀

जेम्स एलन

-2-

जेम्स एलन

स्व-सहायता और व्यक्तिगत विकास के क्षेत्र में, जेम्स एलन ज्ञान और प्रेरणा के प्रतीक के रूप में सामने आते हैं। उनका उल्लेखनीय कार्य पाठकों को महत्वपूर्ण विकास की ओर मार्गदर्शन करना जारी रखता है, जिससे वे एक उच्च गुणवत्ता वाले लेखक बन जाते हैं। इस क्षेत्र में उनका योगदान वास्तव में असाधारण है, जो जीवन की जटिलताओं से निपटने वालों के लिए अंतर्दृष्टि के एक मूल्यवान स्रोत के रूप में कार्य करता है।

जेम्स एलन की स्थायी विरासत मानव मन और आत्मा की उनकी गहन समझ में निहित है। उनकी रचनाएँ, जिनमें कालजयी क्लासिक "एज़ ए मैन थिंकेथ" भी शामिल है, वाक्पटुता और गहराई के एक दुर्लभ संयोजन का उदाहरण प्रस्तुत करती है, जो पाठकों को आत्म-खोज और व्यक्तिगत विकास के लिए एक रोडमैप प्रदान करती है। एलन की उपलब्धियाँ साहित्य के दायरे से परे फैली हुई हैं; वे आंतरिक आत्म का पोषण करने, अधिक पूर्ण और उद्देश्यपूर्ण जीवन की ओर एक परिवर्तनकारी यात्रा को बढ़ावा देने की प्रतिबद्धता का प्रतिनिधित्व करते हैं।

जो चीज एलन को एक उच्च गुणवत्ता वाले लेखक के रूप में अलग करती है, वह जटिल दार्शनिक अवधारणाओं को सुलभ और व्यावहारिक सिद्धांतों में बदलने की उनकी क्षमता है। उनका लेखन केवल सैद्धांतिक नहीं है; वे व्यावहारिक मार्गदर्शक हैं जो पाठकों को अपने विचारों और परिणामस्वरूप, अपनी नियति पर नियंत्रण रखने के लिए सशक्त बनाते हैं। एलन का काम न केवल सफलता बल्कि समग्र और सामंजस्यपूर्ण अस्तित्व चाहने वालों के लिए एक विश्वसनीय साथी बन जाता है।

जैसे-जैसे पाठक जेम्स एलन के लेखन से जुड़ते हैं, वे खुद को कालातीत ज्ञान और व्यावहारिक मार्गदर्शन की दुनिया में डूबा हुआ पाते हैं। उनकी उपलब्धियाँ उनकी किताबों के पन्नों से भी आगे तक फैली हुई हैं, जो पीढ़ियों तक प्रेरणा के स्रोत के रूप में गूंजती रहती हैं। स्व-सहायता और व्यक्तिगत विकास के क्षेत्र में, जेम्स एलन का काम आधारशिला बना हुआ है, जो आत्म-खोज का मार्ग चाहने वालों के विकास और कल्याण के लिए समर्पित एक उच्च गुणवत्ता वाले लेखक के स्थायी प्रभाव का प्रमाण है।

जेम्स एलन द्वारा लिखित पुस्तक "As a Man Thinketh" के माध्यम से सफलता प्राप्त करना:

जेम्स एलन की कालजयी कृति, **"एज़ ए मैन थिंकेथ"** में, वह हमें हमारे विचारों की परिवर्तनकारी शक्ति का पता लगाने के लिए एक गहन यात्रा पर ले जाता है। स्व-सहायता साहित्य शैली में अग्रणी के रूप में, एलन ने एक ऐसी कहानी गढ़ी है जो सकारात्मक सोच और लक्ष्य निर्धारण के सार को उजागर करती है, सिद्धांतों की नींव रखती है जो अनगिनत स्व-सहायता शिक्षाओं में गूँजती रहेगी।

"एज़ ए मैन थिंकेथ" मानव मन की जटिल दुनिया में एक दरवाजा खोलता है, जहाँ एलन विचारों की एक सिम्फनी का उत्कृष्ट संचालन करता है। अपने ओजस्वी गद्य के माध्यम से, उन्होंने इस अवधारणा का खुलासा किया कि हमारे विचार हमारे भाग्य के निर्माता हैं, जो हमारे जीवन की परिस्थितियों को आकार देते हैं। यह मूलभूत अवधारणा पुस्तक का हृदय और आत्मा बन जाती है, जो गहन स्तर पर पाठकों के साथ प्रतिध्वनित होती है।

एलन के दर्शन का केंद्र सकारात्मक सोच की कीमिया है। उनका तर्क है कि मन एक उपजाऊ भूमि है जहाँ सकारात्मकता या नकारात्मकता के बीज जड़ जमा सकते हैं, जो अंततः किसी की वास्तविकता में प्रकट होते हैं। एलन पाठकों से अपने विचारों के सतर्क संरक्षक बनने का आग्रह करते हैं, न केवल व्यक्तिगत अनुभवों को बल्कि किसी के पूरे जीवन को आकार देने में उनके पास मौजूद अपार शक्ति को पहचानते हुए।

"एज़ ए मैन थिंकेथ" के ताने-बाने में एक मार्गदर्शक नॉर्थ स्टार के रूप में लक्ष्य निर्धारण का सिद्धांत बुना गया है। एलन अच्छी तरह से परिभाषित लक्ष्यों के महत्व पर जोर देते हैं, उन्हें व्यक्तिगत विकास और उपलब्धि के लिए उत्प्रेरक के रूप में चित्रित करते हैं। एलन के अनुसार, लक्ष्य प्रकाशस्तंभ के रूप में कार्य करते हैं जो सफलता की ओर मार्ग को रोशन करते हैं, अस्पष्ट आकांक्षाओं को मूर्त वास्तविकताओं में बदलते हैं।

एलन की अंतर्दृष्टि, जो एक सदी पहले लिखी गई थी, एक कालातीत प्रकाशस्तंभ के रूप में गूंजती रहती है जिसने बाद के स्व-सहायता साहित्य के पाठ्यक्रम को निर्देशित किया है। विचारों, कार्यों और नियति के बीच परस्पर क्रिया की उनकी खोज अनगिनत लेखकों द्वारा अपनाए गए सिद्धांतों के लिए आधार तैयार करती है। "एज़ ए मैन थिंकेथ" सिर्फ एक किताब नहीं बल्कि व्यक्तिगत विकास साहित्य की आधारशिला बन जाती है।

जेम्स एलन की "एज़ ए मैन थिंकेथ" एक उत्कृष्ट कृति है जो अपने समय से आगे निकल जाती है, जो पाठकों को विचारों की परिवर्तनकारी शक्ति और लक्ष्य निर्धारण की महत्वपूर्ण भूमिका की गहन समझ प्रदान

करती है। यह व्यक्तिगत विकास और उपलब्धि के उत्प्रेरक के रूप में सकारात्मक सोच की स्थायी प्रासंगिकता के प्रमाण के रूप में खड़ा है, एक ऐसा प्रकाशस्तंभ जो अधिक पूर्ण और उद्देश्यपूर्ण जीवन की ओर मार्ग को रोशन करता रहता है।

जेम्स एलन के 'सफलता के सिद्धांत':

जेम्स एलन की गहन शिक्षाओं में एक विलक्षण और अमूल्य सफलता सिद्धांत निहित है: विचार की निपुणता। एलन का दावा है कि मन वह उपजाऊ भूमि है जहाँ से सभी उपलब्धियाँ निकलती हैं, और इस प्रकार, किसी के विचारों पर काबू पाना अंतिम सफलता की आधारशिला बन जाता है।

यह सिद्धांत इस बात पर जोर देता है कि किसी के विचारों की गुणवत्ता सीधे उसके जीवन की गुणवत्ता को प्रभावित करती है। एलन का तर्क है कि सकारात्मक और रचनात्मक सोच के माध्यम से विकसित एक अनुशासित दिमाग, परिवर्तनकारी कार्रवाई के लिए उत्प्रेरक के रूप में कार्य करता है। विचारों को अपनी आकांक्षाओं के साथ लगातार जोड़कर, व्यक्ति अपनी नियति को आकार दे सकते हैं, एक ऐसी वास्तविकता को बढ़ावा दे सकते हैं जो उनकी आंतरिक दुनिया के सामंजस्य को दर्शाती है।

सफलता की तलाश में, जेम्स एलन का विचार की महारत सिद्धांत एक मार्गदर्शक शक्ति के रूप में कार्य करता है, जो व्यक्तियों को अपने मानसिक परिदृश्य के प्रति सचेत वास्तुकार बनने के लिए प्रेरित करता है। विचारों पर नियंत्रण रखने से, व्यक्ति बाधाओं को दूर करने, चुनौतियों से निपटने और लगातार अपने लक्ष्यों की ओर बढ़ने की शक्ति प्राप्त करते हैं। यह सिद्धांत मात्र सकारात्मक सोच से परे है; यह सफलता के लिए अनुकूल मानसिक वातावरण की जानबूझकर और अनुशासित खेती की वकालत करता है।

एलन की विचार की महारत एक कालातीत दर्शन के रूप में उभरती है, जो "एज़ ए मैन थिंकेथ" के पन्नों पर गूंजती है और व्यक्तिगत विकास साहित्य के व्यापक क्षेत्र में अपना प्रभाव बढ़ाती है। यह इस मूलभूत सत्य को रेखांकित करता है कि सफलता केवल एक बाहरी उपलब्धि नहीं है, बल्कि किसी की आंतरिक मनःस्थिति का प्रतिबिंब है।

विचार की महारत का सिद्धांत जेम्स एलन के मूल दर्शन को समाहित करता है, जो पाठकों को उनकी पूरी क्षमता को अनलॉक करने के लिए एक परिवर्तनकारी कुंजी प्रदान करता है। यह सफलता प्राप्त करने के लिए एक मूलभूत सिद्धांत के रूप में कार्य करता है, न केवल पारंपरिक अर्थों में बल्कि किसी के विचारों को उनके वांछित परिणामों के साथ समग्र और सामंजस्यपूर्ण संरेखण के रूप में।

उद्धरण:

"आप आज वहाँ हैं जहाँ आपके विचार आपको लाए हैं; आप कल वहाँ होंगे जहाँ आपके विचार आपको ले जुएँगे।"

यह उद्धरण हमारी वर्तमान परिस्थितियों और भविष्य के परिणामों को आकार देने में हमारे विचारों और मानसिकता की महत्वपूर्ण भूमिका पर जोर देता है। यह हमारे जीवन की दिशा को प्रभावित करने में सकारात्मक सोच और दिमागीपन की शक्ति को रेखांकित करता है।

"मनुष्य जैसा अपने हृदय में सोचता है, वैसा ही वह बनता है।"

एलन की पुस्तक "एज़ ए मैन थिंकेथ" से लिया गया यह उद्धरण किसी व्यक्ति के विचारों और उनके चरित्र या भाग्य के बीच गहरे संबंध पर प्रकाश डालता है। यह बताता है कि हमारे आंतरिक विचार हमारे बाहरी कार्यों को आकार देते हैं, अंततः हमारी पहचान निर्धारित करते हैं।

"परिस्थितियाँ इंसान को बनाती नहीं, उजागर करती हैं।"

इस उद्धरण में, जेम्स एलन ने दावा किया है कि बाहरी परिस्थितियाँ किसी व्यक्ति को परिभाषित नहीं करती हैं; इसके बजाय, वे किसी के असली चरित्र को उजागर करते हैं। उद्धरण जीवन की चुनौतियों के प्रति प्रतिक्रियाओं और प्रतिक्रियाओं के लिए व्यक्तिगत जिम्मेदारी को प्रोत्साहित करता है, बाहरी परिस्थितियों पर चरित्र पर जोर देता है।

जेम्स एलन का लेखन लगातार इस विचार के इर्द-गिर्द घूमता है कि हमारे विचार हमारे जीवन पर महत्वपूर्ण प्रभाव डालते हैं। सकारात्मक और रचनात्मक सोच को बढ़ावा देकर, व्यक्ति जानबूझकर अपने भाग्य को सकारात्मक दिशा में आकार दे सकते हैं।

डेल कार्नेगी

-3-

डेल कार्नेगी

डेल कार्नेगी व्यक्तिगत विकास के क्षेत्र में एक चमकते सितारे के रूप में उभरे हैं, जो एक उच्च गुणवत्ता वाले लेखक के सार का प्रतीक है। उनका उल्लेखनीय कार्य और उपलब्धियाँ स्वयं-सहायता और व्यक्तिगत विकास चाहने वाले व्यक्तियों में महत्वपूर्ण वृद्धि को बढ़ावा देने के लिए आजीवन समर्पण की गवाही देती हैं। कार्नेगी का योगदान साहित्य के क्षेत्र से कहीं आगे तक फैला हुआ है; वे मानव आत्मा के सशक्तिकरण में गहन निवेश का प्रतिनिधित्व करते हैं।

अपने उल्लेखनीय करियर के दौरान, कार्नेगी प्रभावी संचार, पारस्परिक कौशल और व्यक्तिगत विकास की कला का पर्याय बन गए हैं। उनका अभूतपूर्व कार्य, जिसमें कालजयी क्लासिक "हाउ टू विन फ्रेंड्स एंड इन्फ्लुएंस पीपल" शामिल है, आत्म-सुधार की जटिलताओं को समझने वालों के लिए एक मार्गदर्शक के रूप में कार्य करता है। कार्नेगी की अंतर्दृष्टि एक पृष्ठ पर मात्र शब्द नहीं हैं; वे व्यावहारिक सिद्धांत हैं जिन्होंने अनगिनत व्यक्तियों को व्यक्तिगत और व्यावसायिक सफलता की ओर प्रेरित किया है।

कार्नेगी का दृष्टिकोण अपनी व्यावहारिकता और प्रासंगिकता से प्रतिष्ठित है, जो पाठकों को जीवन की जटिलताओं से निपटने के लिए मूल्यवान उपकरण प्रदान करता है। प्रभावी संचार, सकारात्मक सोच और सार्थक रिश्तों के विकास पर उनके जोर ने स्व-सहायता शैली में एक मानक स्थापित किया है। कार्नेगी का काम इस विचार का प्रमाण है कि व्यक्तिगत विकास केवल एक अकेली यात्रा नहीं है बल्कि एक सामुदायिक प्रयास है, जहाँ दूसरों के साथ जुड़ने की क्षमता महत्वपूर्ण भूमिका निभाती है।

डेल कार्नेगी एक उच्च गुणवत्ता वाले लेखक के रूप में खड़े हैं, जिनका काम समय से परे है और व्यक्तिगत विकास के लिए वास्तविक, कार्रवाई योग्य मार्गदर्शन चाहने वाले पाठकों के साथ जुड़ता है। उनकी

उपलब्धियाँ मूल्यवान अंतर्दृष्टि विकसित करने की प्रतिबद्धता को दर्शाती हैं जो न केवल प्रेरित करती हैं बल्कि व्यक्तियों को स्थायी विकास और सफलता की दिशा में एक रास्ता तय करने के लिए सशक्त भी बनाती हैं।

डेल कार्नेगी द्वारा लिखित पुस्तक "How to Win Friends and Influence People" के माध्यम से सफलता हासिल करना:

डेल कार्नेगी की उत्कृष्ट कृति, **"हाउ तो विन फ्रेंड्स एंड इन्फ्लुएंस पीपल"** सकारात्मक सोच की शक्ति के माध्यम से सकारात्मक संबंध बनाने और प्रभाव डालने के लिए एक व्यावहारिक मार्गदर्शिका है। कार्नेगी की अंतर्दृष्टि महज रणनीतियों से परे है, मौलिक सिद्धांतों की पेशकश करती है जो पाठकों को यह समझने में मदद करती है कि उनके विचार दूसरों के साथ उनकी बातचीत को कैसे आकार देते हैं।

कार्नेगी प्रभावी संचार के क्षेत्र में सहजता से प्रवेश करते हैं, पाठकों को मानवीय संपर्क की जटिलताओं के माध्यम से मार्गदर्शन करते हैं और प्रदर्शित करते हैं कि कैसे सकारात्मक सोच सार्थक संबंधों की नींव रखती है। पुस्तक एक टूलकिट के रूप में कार्य करती है, जो बातचीत को आगे बढ़ाने, संबंध बनाने और दूसरों पर स्थायी सकारात्मक प्रभाव छोड़ने पर व्यावहारिक सलाह प्रदान करती है।

कार्नेगी की शिक्षाओं में लक्ष्य निर्धारण एक महत्वपूर्ण भूमिका निभाता है, जो उनके सिद्धांतों के लिए मार्गदर्शक के रूप में कार्य करता है। सकारात्मक सोच की महारत अच्छी तरह से परिभाषित लक्ष्यों की खोज के साथ सामंजस्यपूर्ण रूप से संरेखित होती है, एक तालमेल बनाती है जो व्यक्तियों को उनके रिश्तों, करियर और व्यक्तिगत प्रयासों में सफलता की ओर प्रेरित करती है। इस पुस्तक में समाहित कार्नेगी के सिद्धांत दिशानिर्देशों से परिवर्तनकारी कुंजियों में बदल जाते हैं जो सकारात्मक प्रभाव की दुनिया को खोलते हैं।

"हाउ तो विन फ्रेंड्स एंड इन्फ्लुएंस पीपल" एक मात्र पुस्तक की सीमाओं को पार कर, कालातीत ज्ञान का प्रतीक बन गया है। यह पाठकों को सकारात्मक सोच, प्रभावी संचार और सार्थक लक्ष्यों की खोज में महारत हासिल करके सकारात्मक प्रभाव पैदा करने के लिए एक व्यापक मार्गदर्शिका प्रदान करता है।

डेल कार्नेगी की 'सफलता के सिद्धांत':

डेल कार्नेगी का सबसे मूल्यवान सफलता सिद्धांत, जो उनकी शिक्षाओं में गहराई से अंतर्निहित है, दूसरों को समझने और उनके साथ सहानुभूति रखने की परिवर्तनकारी शक्ति है। कार्नेगी इस बात पर जोर देते हैं कि सच्चा प्रभाव और सफलता लोगों के साथ प्रामाणिक संबंधों से उत्पन्न होती है। यह सिद्धांत केवल लेन-देन से आगे बढ़कर व्यक्तिगत और व्यावसायिक पूर्ति की नींव के रूप में सकारात्मक, ईमानदार रिश्तों के महत्व पर प्रकाश डालता है। कार्नेगी का दर्शन हमारे आस-पास के लोगों के दृष्टिकोण को सक्रिय रूप से सुनने, समझने और स्वीकार करने के गहरे प्रभाव को रेखांकित करता है।

सहानुभूति को प्राथमिकता देकर, व्यक्ति सार्थक संबंध बना सकते हैं जो सतही बातचीत से परे विस्तारित होते हैं। यह सिद्धांत एक मार्गदर्शक शक्ति के रूप में कार्य करता है, जो व्यक्तियों को आत्म-केंद्रित गतिविधियों से दूर ले जाता है और अपने लक्ष्यों को प्राप्त करने के लिए एक सहयोगात्मक और सामंजस्यपूर्ण

दृष्टिकोण की ओर ले जाता है। कार्नेगी की दुनिया में, सफलता केवल व्यक्तिगत उपलब्धियों से नहीं मापी जाती, बल्कि दूसरों के उत्थान और सकारात्मक प्रभाव डालने की क्षमता से मापी जाती है।

सहानुभूतिपूर्ण संबंध का सिद्धांत सद्भावना को बढ़ावा देने, संघर्षों को सुलझाने और स्थायी संबंधों के निर्माण के लिए एक प्रकाशस्तंभ बन जाता है। कार्नेगी का काम इस स्थायी सत्य के प्रमाण के रूप में खड़ा है कि सच्ची सफलता एक अकेली यात्रा नहीं है, बल्कि हमारे आसपास के लोगों की आकांक्षाओं और जरूरतों को समझने और उनके साथ जुड़ने से समृद्ध एक सहयोगात्मक प्रयास है। इसके मूल में, डेल कार्नेगी का सबसे मूल्यवान सफलता सिद्धांत व्यक्तियों को सफलता को अलगाव में नहीं बल्कि एक सामूहिक यात्रा के रूप में देखने के लिए प्रोत्साहित करता है। सहानुभूति और समझ को अपनाकर, व्यक्ति मानवीय रिश्तों की जटिलताओं से निपट सकते हैं, एक लहरदार प्रभाव पैदा कर सकते हैं जो व्यापक समुदाय की बेहतरी में योगदान करने के लिए व्यक्तिगत उपलब्धियों से कहीं आगे तक फैलता है।

उद्धरण:

"आप अन्य लोगों में दिलचस्पी लेकर दो महीने में अधिक दोस्त बना सकते हैं, जितना आप दूसरे लोगों में दिलचस्पी जगाकर दो साल में नहीं बना सकते।"

यह उद्धरण सार्थक संबंधों के निर्माण में एक महत्वपूर्ण कारक के रूप में दूसरों में वास्तविक रुचि के महत्व को रेखांकित करता है। डेल कार्नेगी की शिक्षाएँ केवल आत्म-प्रचार पर ध्यान केंद्रित करने के बजाय लोगों को समझने और उनके साथ जुड़ने के मूल्य पर जोर देती हैं।

"आप जो चाहते हैं उसे पाना ही सफलता है। जो आप प्राप्त कर रहे हैं उसे चाहना ही खुशी है।"

कार्नेगी इस उद्धरण में सफलता और खुशी के बीच अंतर बताते हैं, यह सुझाव देते हुए कि सच्ची पूर्ति में न केवल बाहरी लक्ष्यों को प्राप्त करना शामिल है, बल्कि वर्तमान क्षण में संतुष्टि ढूंढना और जो कुछ है उसकी सराहना करना भी शामिल है।

"निष्क्रियता संदेह और भय को जन्म देती है। कार्य आत्मविश्वास और साहस को जन्म देता है। यदि आप डर पर विजय पाना चाहते हैं, तो घर बैठकर इसके बारे में न सोचें। बाहर जुएँ और व्यस्त हो जुएँ।"

यह उद्धरण डर पर काबू पाने और आत्मविश्वास पैदा करने के लिए सक्रिय कदम उठाने को प्रोत्साहित करता है। कार्नेगी कार्रवाई की परिवर्तनकारी शक्ति और सीधे चुनौतियों का सामना करने की वकालत करते हैं, संदेह और भय के सामने साहस और आत्मविश्वास की मानसिकता को बढ़ावा देते हैं।

डेल कार्नेगी के सिद्धांत लगातार प्रभावी संचार, पारस्परिक कौशल और दूसरों को समझने और उनके साथ जुड़ने के गहन महत्व के इर्द-गिर्द घूमते हैं। व्यक्तिगत और व्यावसायिक सफलता के लिए उनका दृष्टिकोण वास्तविक रिश्ते बनाने और अपने लक्ष्यों को प्राप्त करने के लिए उद्देश्यपूर्ण कार्रवाई करने पर जोर देता है।

ओरिसन स्वेट मार्डेन

-4-

ओरिसन स्वेट मार्डेन

ऑरिसन स्वेट मार्डन स्वयं सहायता और व्यक्तिगत विकास के क्षेत्र में एक अमिट छाप छोड़कर एक उल्लेखनीय लेखक के रूप में उभरे हैं। उनका असाधारण कार्य अपने जीवन को बेहतर बनाने के इच्छुक व्यक्तियों को प्रेरित करने और सशक्त बनाने के प्रति उनकी गहरी प्रतिबद्धता को दर्शाता है। मार्डेन का योगदान सामान्य साहित्य के दायरे से परे है, जो मानव आत्मा के उत्थान के दूरदर्शी प्रयास का प्रतिनिधित्व करता है।

स्व-सहायता साहित्य के विशाल विस्तार में, मार्डेन के कार्य ज्ञान और प्रेरणा के प्रकाशस्तंभ के रूप में चमकते हैं। उनके प्रभावशाली शीर्षक, जिनमें "**पुशिंग टू द फ्रंट**" और "**एन आयरन विल**" शामिल हैं, पाठकों के लिए आत्म-खोज और व्यक्तिगत विकास के मार्ग पर व्यापक मार्गदर्शक के रूप में काम करते हैं। मार्डेन की अंतर्दृष्टि केवल एक पृष्ठ पर लिखे शब्द नहीं हैं; वे परिवर्तनकारी सिद्धांत हैं जो व्यक्तियों की धारणाओं और जीवन के दृष्टिकोण को नया आकार देने की शक्ति रखते हैं।

जटिल अवधारणाओं को व्यावहारिक, कार्रवाई योग्य कदमों में अनुवाद करने की मार्डेन की अद्वितीय क्षमता उन्हें एक उच्च गुणवत्ता वाले लेखक के रूप में अलग करती है। उनका लेखन केवल प्रेरक गद्य नहीं है; वे सफलता के ब्लूप्रिंट हैं, पाठकों को बाधाओं पर विजय पाने और विकास की मानसिकता विकसित करने के लिए ठोस उपकरण प्रदान करते हैं। अपने काम के माध्यम से, मार्डेन एक मार्गदर्शक बन जाता है, जो व्यक्तियों को उद्देश्य, लचीलेपन और पूर्ति से भरे जीवन की ओर मार्गदर्शन करता है।

ओरिसन स्वेट मार्डन की विरासत स्थायी महत्व में से एक है। उनका काम पीढ़ियों तक गूंजता रहता है, जो आत्म-सुधार की यात्रा पर निकलने वालों को कालातीत ज्ञान प्रदान करता है। मार्डेन का योगदान एक उच्च गुणवत्ता वाले लेखक के स्थायी मूल्य के प्रमाण के रूप में काम करता है जो अपनी वास्तविक क्षमता को अनलॉक करने के इच्छुक लोगों के विकास और कल्याण के लिए समर्पित है।

ओरिसन स्वेट मार्डेन द्वारा लिखित पुस्तक "Pushing to the Front" के माध्यम से सफलता प्राप्त करना:

ओरिसन स्वेट मार्डन की **"पुशिंग टू द फ्रंट"** स्व-सहायता साहित्य के विशाल समुद्र में एक चमकते सितारे के रूप में खड़ी है, एक कालातीत मार्गदर्शिका जो अपने युग से परे प्रासंगिक बनी हुई है। इस साहित्यिक रत्न में, मार्डन कुशलतापूर्वक सकारात्मक सोच और लक्ष्य निर्धारण के धागों को जोड़ते हैं, सिद्धांतों के लिए रूपरेखा स्थापित करते हैं जो स्व-सहायता के क्षेत्र में अनगिनत बाद के कार्यों के लिए मूलभूत बन जुएँगे।

मार्डेन की यात्रा सकारात्मक विचारों की सिम्फनी के साथ शुरू होती है, प्रत्येक पृष्ठ सकारात्मक मानसिकता की शक्ति से गूंजता है। वह इस बात पर जोर देते हैं कि मन केवल युद्ध का मैदान नहीं है, बल्कि एक उपजाऊ भूमि भी है जहाँ सफलता के बीज बोये जा सकते हैं। मार्डेन की अंतर्दृष्टि एक परिवर्तनकारी शक्ति बन जाती है, जो पाठकों से आत्म-सुधार के मार्ग पर उनके विचारों के गहरे प्रभाव को पहचानने का आग्रह करती है।

लक्ष्य निर्धारण का सिद्धांत कहानी में सहजता से बुना गया है, जो सफलता के लिए दिशा सूचक यंत्र के रूप में कार्य करता है। मार्डेन पाठकों को अच्छी तरह से परिभाषित लक्ष्यों के महत्व की यात्रा पर ले जाता है, यह दर्शाता है कि कैसे वे व्यक्तियों को उनके वांछित गंतव्यों की ओर मार्गदर्शन करने वाले बीकन के रूप में कार्य करते हैं। पुस्तक एक रोडमैप में बदल जाती है, जो दर्शाती है कि आगे की यात्रा न केवल सकारात्मक सोच की मांग करती है, बल्कि किसी की आकांक्षाओं के प्रति स्पष्ट दृष्टिकोण की भी मांग करती है।

"पुशिंग टू द फ्रंट" महज एक किताब से कहीं अधिक है; यह एक मूलभूत आधारशिला है जिस पर बाद के कई स्व-सहायता सिद्धांत बनाए गए हैं। मार्डेन की सकारात्मक सोच और लक्ष्य निर्धारण की खोज एक कालातीत मार्गदर्शक बन जाती है, जो पाठकों को न केवल अंतर्दृष्टि प्रदान करती है, बल्कि बाधाओं से परे जाने और व्यक्तिगत और व्यावसायिक सफलता प्राप्त करने के लिए कार्रवाई योग्य कदम भी प्रदान करती है।

ओरिसन स्वेट मार्डेन की "पुशिंग टू द फ्रंट" एक साहित्यिक कृति है जो समय से परे है, जो आत्म-सुधार की यात्रा में सकारात्मक सोच और लक्ष्य निर्धारण की स्थायी प्रासंगिकता का प्रमाण है। यह एक प्रकाशस्तंभ के रूप में खड़ा है, जो पाठकों को उनकी आकांक्षाओं में सबसे आगे बढ़ने और सफलता की विरासत बनाने का मार्ग रोशन करता है।

ओरिसन स्वेट मार्डन के 'सफलता के सिद्धांत:'

ओरिसन स्वेट मार्डेन की दृढ़ता की शक्ति की अवधारणा एक कालातीत और अमूल्य सिद्धांत है जिसने अनगिनत व्यक्तियों को चुनौतियों से उबरने और सफलता प्राप्त करने के लिए प्रेरित किया है। मार्डेन का यह विश्वास कि दृढ़ता केवल एक गुण नहीं है, बल्कि विकास और उपलब्धि की आधारशिला है, दुनिया में अपनी पहचान बनाने के इच्छुक लोगों के साथ गहराई से मेल खाती है।

मार्डेन के दर्शन के मूल में यह अटूट विश्वास निहित है कि दृढ़ता, लचीलापन और अपने लक्ष्यों के प्रति दृढ़ प्रतिबद्धता सफलता के लिए आवश्यक तत्व हैं। उन्होंने माना कि किसी के सपनों को हासिल करने की राह में असफलताएं और बाधाएं अपरिहार्य हैं, लेकिन यह निरंतर व्यक्ति ही है जिसके पास इन चुनौतियों से ऊपर उठने और विजयी होने की ताकत और दृढ़ संकल्प है।

मार्डेन का यह दावा कि प्रत्येक विफलता अपने भीतर उन लोगों के लिए समान सफलता के बीज छिपाती है जो अपने प्रयासों में लगे रहते हैं, दृढ़ता की परिवर्तनकारी शक्ति का एक शक्तिशाली प्रमाण है। उनका मानना था कि असफलताओं को जब बाधाओं के बजाय सीखने के अवसरों के रूप में देखा जाता है, तो वे बड़ी उपलब्धियों की दिशा में कदम बढ़ा सकती हैं।

मार्डेन की दृढ़ता का सिद्धांत केवल कठिनाई सहने के आह्वान से कहीं आगे तक फैला हुआ है। उन्होंने दृढ़ता की मानसिकता विकसित करने, व्यक्तियों को चुनौतियों को विकास के अवसर के रूप में स्वीकार करने और विपरीत परिस्थितियों में भी दृढ़ संकल्प के साथ आगे बढ़ने के लिए प्रोत्साहित करने की वकालत की। यह मानसिकता व्यक्तियों को बाधाओं को अपने लक्ष्य की ओर बढ़ने में सक्षम बनाती है।

मार्डेन की दृढ़ता की शक्ति उन लोगों के लिए एक मार्गदर्शक प्रकाश के रूप में कार्य करती है जो जीवन की जटिलताओं से निपटते हैं और व्यक्तिगत और व्यावसायिक संतुष्टि चाहते हैं। उनकी विरासत उनकी किताबों के पन्नों से कहीं आगे तक फैली हुई है, क्योंकि उनकी शिक्षाएं व्यक्तियों को अपनी कथित सीमाओं से आगे बढ़ने, चुनौतियों पर काबू पाने और अंततः अपनी उच्चतम आकांक्षाओं को प्राप्त करने के लिए प्रेरित करती रहती हैं।

उद्धरण:

"असाधारण अवसरों की प्रतीक्षा न करें। सामान्य अवसरों का लाभ उठाएँ और उन्हें महान बनाएँ।"

यह उद्धरण व्यक्तियों को किसी असाधारण चीज़ की प्रतीक्षा करने के बजाय रोजमर्रा के अवसरों का लाभ उठाने के लिए प्रोत्साहित करता है। मार्डेन सामान्य परिस्थितियों में क्षमता को पहचानने और अधिकतम करने की परिवर्तनकारी शक्ति में विश्वास करते थे।

"इस दुनिया में एक इंसान जो सबसे बड़ा काम कर सकता है, वह है उसे जो सामान दिया गया है, उसका अधिकतम लाभ उठाना।"

मार्डेन अपनी क्षमता को अधिकतम करने और अपने पास मौजूद संसाधनों और क्षमताओं का अधिकतम लाभ उठाने के विचार पर जोर देते हैं। यह उद्धरण व्यक्तिगत विकास और आत्म-सुधार में उनके विश्वास को दर्शाता है।

"आशावान व्यक्ति वहाँ सफलता देखता है जहाँ दूसरे लोग विफलता देखते हैं, धूप देखता है जहाँ दूसरे लोग छाया और तूफान देखते हैं।"

यह उद्धरण मार्डेन के सकारात्मक और आशावादी दर्शन को दर्शाता है। यह चुनौतियों में अवसरों को समझने और दूसरे लोग जिसे विफलता के रूप में देख सकते हैं उसमें सफलता खोजने में आशावादी और सकारात्मक मानसिकता की शक्ति पर प्रकाश डालता है।

ओरिसन स्वेट मार्डेन का लेखन अक्सर चुनौतियों पर काबू पाने और अपने लक्ष्यों को प्राप्त करने में सफलता, व्यक्तिगत विकास और सकारात्मक मानसिकता की शक्ति के सिद्धांतों पर केंद्रित होता है।

रसेल कॉनवेल

-5-

रसेल कॉनवेल

स्व-सहायता और व्यक्तिगत विकास की दुनिया पर रसेल कॉनवेल का प्रभाव निर्विवाद है। उनके कार्यों, विशेष रूप से प्रतिष्ठित व्याख्यान "एकर्स ऑफ डायमंड्स" ने व्यक्तियों की पीढ़ियों को अपनी क्षमता को अपनाने और अपने सपनों को आगे बढ़ाने के लिए प्रेरित किया है। कॉनवेल की विरासत गहन ज्ञान को व्यावहारिक और लागू सिद्धांतों में अनुवाद करने, पाठकों को जीवन की चुनौतियों से निपटने और अपने लक्ष्यों को प्राप्त करने के लिए सशक्त बनाने की उनकी क्षमता में निहित है।

कॉनवेल का लेखन केवल शब्दों का संग्रह नहीं है; वे परिवर्तनकारी शक्तियां हैं जो पाठकों के भीतर आत्म-विश्वास और दृढ़ संकल्प की चिंगारी प्रज्वलित करती हैं। वह एक मार्गदर्शक के रूप में कार्य करते हैं, व्यक्तियों से अपनी प्रतिभा को निखारने, अवसरों का लाभ उठाने और निरंतर विकास की मानसिकता अपनाने का आग्रह करते हैं। जटिल विचारों को स्पष्ट और आकर्षक तरीके से व्यक्त करने की उनकी क्षमता उनके कार्यों को व्यापक दर्शकों के लिए सुलभ बनाती है, जिससे यह सुनिश्चित होता है कि सशक्तिकरण का उनका संदेश उन लोगों तक पहुंचे जिन्हें इसकी सबसे अधिक आवश्यकता है।

रसेल कॉनवेल का प्रभाव स्व-सहायता साहित्य के दायरे से परे तक फैला हुआ है। उनके कार्यों ने लोकप्रिय संस्कृति में प्रवेश किया है, प्रेरक भाषणों और व्यक्तिगत विकास सेमिनारों की आधारशिला बन गए हैं। दृढ़ता, लचीलापन और उत्कृष्टता की खोज के उनके कालातीत संदेश जीवन के सभी क्षेत्रों के व्यक्तियों के साथ गूंजते रहते हैं, उन्हें विपरीत परिस्थितियों से उबरने और अपनी उच्चतम आकांक्षाओं को प्राप्त करने के लिए प्रेरित करते हैं।

कॉनवेल की विरासत सशक्तिकरण, ज्ञानोदय और स्थायी प्रेरणा में से एक है। उनके कार्य आशा और मार्गदर्शन की किरण के रूप में काम करते हैं, व्यक्तिगत पूर्ति और उद्देश्यपूर्ण जीवन चाहने वाले व्यक्तियों के लिए मार्ग को रोशन करते हैं। स्व-सहायता और व्यक्तिगत विकास के क्षेत्र में उनका योगदान अमूल्य है, जिससे यह सुनिश्चित होता है कि उनका प्रभाव आने वाली पीढ़ियों के लिए अनगिनत व्यक्तियों के जीवन को आकार देता रहेगा।

रसेल कॉनवेल द्वारा लिखित पुस्तक "Acres of Diamonds" के माध्यम से सफलता प्राप्त करना:

रसेल कॉनवेल की **"एकर्स ऑफ डायमंड्स"** एक कालजयी किताब है जो स्ट्रेंथ को अपनी क्षमताओं से जोड़ने और अपने सपने को हासिल करने के लिए प्रेरित करती है। किताब एक मनोरम कहानी है जो एक सकारात्मक सोच और लक्ष्य की शक्ति सिखाती है। कॉनवेल का संदेश स्पष्ट है: हम सभी सफल होने की क्षमता रखते हैं, लेकिन हमें पहले खुद पर विश्वास करना चाहिए और स्पष्ट लक्ष्य निर्धारित करना चाहिए।

"एकर्स ऑफ डायमंड्स" की मुख्य बातें एक सकारात्मक सोच का महत्व है। सिद्धांत का तर्क यह है कि हम सकारात्मकता पर ध्यान केंद्रित करके और अपने लक्ष्य को प्राप्त करने की क्षमता पर विश्वास करके अपने जीवन में सफलता को आकर्षित कर सकते हैं। उन्होंने यह विश्वास दिलाया कि हमारे लिए असीमित अवसर उपलब्ध हैं।

"एकर्स ऑफ डायमंड्स" में एक और महत्वपूर्ण सिद्धांत लक्ष्य का महत्व है। कॉन्वेल का तर्क यह है कि उन्हें प्राप्त करने के लिए हमें स्पष्ट और विशिष्ट लक्ष्य रखना आवश्यक है। वह अपने लक्ष्य को छोटे, अधिक प्रबंधनीय कदमों में विभाजित करने और अपने लक्ष्य के करीब जाने के लिए हर दिन कार्रवाई करने के लिए अधिकृत करती है।

"एकर्स ऑफ डायमंड्स" एक कालजयी क्लासिक है जो कि कई स्मारकों को प्रेरित करता है। कॉनवेल की सकारात्मक सोच और लक्ष्य समूह का संदेश आज भी सामने आया है और उनकी पुस्तक उन लोगों के लिए एक मूल्यवान स्रोत है जो अपनी पूरी क्षमता हासिल करना चाहते हैं।

रसेल कॉनवेल के 'सफलता के सिद्धांत'

अपनी शिक्षाओं में, रसेल कॉनवेल सफलता की कुंजी के रूप में अवसरों को पहचानने के महत्व पर जोर देते हैं। उनका मानना है कि सफलता एक अप्राप्य लक्ष्य नहीं है बल्कि यह छिपी हुई चुनौतियों की एक श्रृंखला है जो पहचाने जाने और जब्त होने की प्रतीक्षा कर रही है। कॉनवेल का दर्शन इस धारणा के इर्द-गिर्द घूमता है कि हर स्थिति, चाहे वह कितनी भी सामान्य क्यों न हो, महत्वपूर्ण विकास और उपलब्धि की क्षमता रखती है।

कॉनवेल पाठकों को जागरूकता की उच्च भावना विकसित करने के लिए प्रोत्साहित करता है, जिससे वे चुनौतियों और असफलताओं की सतह से परे देखने में सक्षम होते हैं। वह किसी के निकटतम परिवेश में

अवसरों को पहचानने की परिवर्तनकारी शक्ति पर प्रकाश डालता है, जिसे वह रूपक रूप से पहुंच के भीतर "हीरे के एकड़" के रूप में संदर्भित करता है। यह गहरी जागरूकता व्यक्तियों की सफलता की यात्रा में एक मार्गदर्शक के रूप में कार्य करती है।

इस सिद्धांत के भीतर यह समझ अंतर्निहित है कि प्रत्येक अनुभव, मुठभेड़ और असफलता में अवसर की संभावना होती है। इन अवसरों को पहचानने और अधिकतम लाभ उठाने की मानसिकता अपनाकर, व्यक्ति इरादे और लचीलेपन के साथ अपने रास्ते पर चल सकते हैं। कॉनवेल की शिक्षाएँ कार्रवाई के आह्वान के रूप में कार्य करती हैं, पाठकों से दूर के क्षितिज में सफलता की तलाश न करने, बल्कि उनकी वर्तमान परिस्थितियों में निहित संभावनाओं की संपत्ति को पहचानने का आग्रह करती हैं।

कॉनवेल की विरासत न केवल उनके द्वारा दिए गए शब्दों में निहित है, बल्कि उनके द्वारा दिए गए व्यावहारिक सिद्धांत में भी निहित है – एक सिद्धांत जो समय से परे है और व्यक्तियों को उन अवसरों को पहचानने, जब्त करने और विकसित करने के लिए प्रेरित करता है जो उद्देश्य और उपलब्धि के जीवन का मार्ग प्रशस्त करते हैं।

उद्धरण:

"आपके हीरे दूर-दूर के पहाड़ों या समुद्र के पार नहीं हैं; वे आपके अपने वातावरण में हैं, यदि आप उन्हें खोदते हैं।"

यह उद्धरण कॉनवेल के प्रसिद्ध व्याख्यान के केंद्रीय विषय को समाहित करता है। वह व्यक्तियों को दूर के स्थानों में सफलता और धन की तलाश करने के बजाय अपने आस-पास के वातावरण में सफलता और धन की संभावना को पहचानने के लिए प्रोत्साहित करते हैं।

"पैसा शक्ति है, और आपको इसे पाने के लिए उचित रूप से महत्वाकांक्षी होना चाहिए। आपको ऐसा इसलिए करना चाहिए क्योंकि आप इसके बिना जितना अच्छा कर सकते हैं उससे कहीं अधिक आप इसके साथ कर सकते हैं।"

कॉनवेल का मानना था कि धन अर्जित करने और उसे परोपकारी उद्देश्यों के लिए उपयोग करने से व्यक्तियों पर सकारात्मक प्रभाव पड़ सकता है। यह उद्धरण वित्तीय सफलता के साथ आने वाली भलाई की संभावना पर उनके दृष्टिकोण को दर्शाता है।

"महानता किसी भविष्य के पद को धारण करने में नहीं है, बल्कि वास्तव में कम साधनों के साथ महान कार्य करने और जीवन के निजी स्तरों से विशाल उद्देश्यों की पूर्ति में निहित है।"

कॉनवेल इस विचार पर जोर देते हैं कि महानता आवश्यक रूप से एक प्रमुख स्थान रखने से जुड़ी नहीं है, बल्कि सीमित संसाधनों के साथ भी सार्थक कार्यों और उपलब्धियों के माध्यम से हासिल की जाती है।

रसेल कॉनवेल की शिक्षाएँ अक्सर अवसरों का लाभ उठाने, कड़ी मेहनत के मूल्य और किसी की अपनी परिस्थितियों में मौजूद सफलता की संभावना के विषयों के इर्द-गिर्द घूमती हैं।

फ्लोरेंस स्कोवेल शिन्न

-6-

फ्लोरेंस स्कोवेल शिन्न

फ़्लोरेंस स्कोवेल शिन एक असाधारण लेखिका हैं जिनका उल्लेखनीय कार्य स्व-सहायता और व्यक्तिगत विकास के क्षेत्र में एक प्रकाशस्तंभ बन गया है। उनकी उपलब्धियों को महत्वपूर्ण व्यक्तिगत विकास को बढ़ावा देने, अधिक पूर्ण और उद्देश्यपूर्ण जीवन जीने के लिए अमूल्य अंतर्दृष्टि और सिद्धांत प्रदान करने के लिए गहन समर्पण द्वारा चिह्नित किया गया है।

शिन के उल्लेखनीय कार्य, जिनमें "द गेम ऑफ लाइफ एंड हाउ टू प्ले इट," "योर वर्ड इस योर वंड" और "द सीक्रेट दूर तो सक्सेस" शामिल हैं, कालातीत ज्ञान के खजाने का प्रतिनिधित्व करते हैं। अपने वाक्पटु गद्य और व्यावहारिक शिक्षाओं के माध्यम से, शिन परिवर्तनकारी पाठ प्रदान करती है, पाठकों को विचारों और शब्दों के माध्यम से अपनी नियति को आकार देने की शक्ति को समझने के लिए प्रोत्साहित करती है।

शिन को एक असाधारण लेखिका के रूप में जो चीज़ अलग करती है, वह आध्यात्मिकता, तत्वमीमांसा और व्यावहारिकता को एक सामंजस्यपूर्ण कथा में सहजता से मिश्रित करने की उनकी क्षमता है। उनका लेखन महज प्रेरक बयानबाजी से परे है, जो पाठकों को उनके जीवन में सकारात्मक बदलाव लाने के लिए कार्रवाई योग्य कदम प्रदान करता है। शिन एक मार्गदर्शक बन जाता है, जो व्यक्तियों को आत्म-खोज, सशक्तिकरण और उनकी वास्तविक क्षमता की प्राप्ति की ओर ले जाता है।

शिन की विरासत उनकी किताबों के पन्नों से भी आगे तक फैली हुई है, जो व्यक्तिगत और आध्यात्मिक विकास चाहने वालों पर उनकी शिक्षाओं के स्थायी प्रभाव से स्पष्ट है। वह अपने काम के माध्यम से एक मार्गदर्शक बन जाती है, पाठकों को जीवन की जटिलताओं से निपटने, सचेत विकल्प बनाने और एक ऐसी

मानसिकता विकसित करने के लिए एक रोडमैप प्रदान करती है जो प्रचुरता, सफलता और खुशी को आकर्षित करती है।

एक असाधारण लेखक के रूप में फ्लोरेंस स्कोवेल शिन का योगदान प्रेरणा और मार्गदर्शन के एक कालातीत स्रोत के रूप में गूंजता है। उनका उल्लेखनीय कार्य आत्म-खोज और व्यक्तिगत विकास की यात्रा पर निकलने वाले व्यक्तियों के लिए ज्ञान का स्रोत बना हुआ है, जो पीढ़ियों से परे सशक्तिकरण की विरासत को बढ़ावा देता है।

फ्लोरेंस स्कोवेल शिन्न द्वारा लिखित पुस्तक "The Game of Life and How to Play It" के माध्यम से सफलता प्राप्त करना:

अपने मौलिक काम, **"द गेम ऑफ लाइफ एंड हाउ टू प्ले इट"** में, फ्लोरेंस स्कोवेल शिन पाठकों को उन सिद्धांतों की गहन खोज के लिए आमंत्रित करती हैं जो हमारे अस्तित्व को नियंत्रित करते हैं। यह कालजयी कृति उन लोगों के लिए एक रोडमैप के रूप में कार्य करती है जो जीवन के जटिल खेल में आवश्यक तत्वों, सकारात्मक सोच और लक्ष्य निर्धारण के दायरे में नेविगेट करना चाहते हैं।

शिन हमारे विचारों की अपार शक्ति को प्रकट करके इस ब्रह्मांडीय खेल के रहस्यों का खुलासा करता है, हमें एक ब्रह्मांडीय शतरंज की बिसात पर खिलाड़ियों के रूप में स्थापित करता है। शुरुआती कदमों में हमारे शब्दों और विश्वासों के गहरे प्रभाव को पहचानना, आत्म-खोज की परिवर्तनकारी यात्रा के लिए मंच तैयार करना शामिल है।

अंतिम गेम-चेंजर के रूप में सकारात्मक सोच का सिद्धांत कथा में सहजता से अंतर्निहित है। शिन ज्ञान प्रदान करता है कि हमारे विचार शक्तिशाली बीज हैं, जो आनंद और पूर्णता से भरपूर जीवन विकसित करने में सक्षम हैं। उनकी पुस्तक एक व्यावहारिक मैनुअल बन जाती है, जो पाठकों को जीवन के भव्य खेल में वांछित परिणाम प्रकट करने के लिए विचारों को प्रसारित करने की कला में महारत हासिल करने में मार्गदर्शन करती है।

लक्ष्य निर्धारण के मास्टरस्ट्रोक में गहराई से उतरते हुए, शिन ने इसे खेल में हमारी चालों को निर्देशित करने वाले मार्गदर्शक कम्पास के रूप में चित्रित किया है। वह अच्छी तरह से परिभाषित लक्ष्यों के महत्व पर प्रकाश डालती है, व्यक्तिगत नियति की ओर मार्ग को रोशन करने वाले प्रकाशस्तंभ के रूप में कार्य करती है। जीवन के लौकिक खेल में, लक्ष्य निर्धारण कार्यों को आकांक्षाओं के साथ संरेखित करने वाली रणनीतिक रणनीति के रूप में उभरता है।

"द गेम ऑफ लाइफ एंड हाउ टू प्ले इट" बाद के स्व-सहायता साहित्य के लिए एक मूलभूत आधारशिला के रूप में विकसित हुआ है। सकारात्मक सोच और लक्ष्य निर्धारण की शक्ति में निहित शिन की अंतर्दृष्टि, अनगिनत लेखकों को प्रेरित करते हुए, समय के साथ गूंजती रहती है। उनकी शिक्षाएँ मात्र मार्गदर्शन से आगे बढ़कर व्यक्तिगत और आध्यात्मिक विकास के रहस्यों को खोलने के लिए एक कालातीत मैनुअल में बदल जाती हैं।

फ़्लोरेंस स्कोवेल शिन की पुस्तक एक मार्गदर्शक के रूप में अपनी स्थिति को पार करती है, खुद को एक दार्शनिक उत्कृष्ट कृति के रूप में ऊपर उठाती है जो पाठकों के साथ प्रतिध्वनित होती है। यह जीवन के खेल को ज्ञान, उद्देश्य और असीम सकारात्मकता के साथ खेलने की जटिल कला पर गहन शिक्षा प्रदान करता है।

फ़्लोरेंस स्कोवेल शिन्न की 'सफलता के सिद्धांत':

फ्लोरेंस स्कोवेल शिन दिव्य संरेखण के परिवर्तनकारी सिद्धांत का परिचय देते हैं, जो व्यक्तियों को पूर्णता और सफलता की दिशा में उनके मार्ग पर मार्गदर्शन करने वाला एक प्रकाशस्तंभ है। शिन की शिक्षाओं के केंद्र में यह अवधारणा निहित है कि किसी के विचारों, विश्वासों और कार्यों को दैवीय सिद्धांतों के साथ संरेखित करने से सच्ची सफलता का द्वार खुल जाता है।

शिन के दर्शन में, दैवीय संरेखण का सिद्धांत उच्च, सार्वभौमिक सत्य के साथ किसी के इरादों के सामंजस्य के महत्व पर जोर देता है। इन कालातीत सिद्धांतों को समझने और अपनाने से, व्यक्ति जीवन की जटिलताओं को स्पष्टता, उद्देश्य और अटूट विश्वास के साथ पार कर सकते हैं।

यह सिद्धांत व्यक्तियों को पारंपरिक सोच की सीमाओं से परे जाने और उच्च, दिव्य ज्ञान से जुड़ने की चुनौती देता है। शिन का दावा है कि सफलता केवल व्यक्तिगत प्रयास से नहीं मिलती, बल्कि दैवीय शक्तियों के साथ सहयोगात्मक प्रक्रिया से प्राप्त होती है। अपने लक्ष्यों और आकांक्षाओं को प्रचुरता के सार्वभौमिक नियमों के साथ जोड़कर, व्यक्ति खुद को संभावनाओं के विशाल दायरे के लिए खोलता है।

इसके अलावा, शिन दैवीय संरेखण प्राप्त करने में पुष्टि के महत्व और बोले गए शब्द की शक्ति को रेखांकित करता है। जो शब्द हम बोलने के लिए चुनते हैं, वे हमारी वास्तविकता पर गहरा प्रभाव डालते हैं, हमारे अनुभवों को आकार देते हैं। दैवीय सिद्धांतों के अनुरूप सकारात्मक पुष्टिओं को सचेत रूप से नियोजित करके, व्यक्ति अपनी इच्छानुसार सफलता प्राप्त कर सकते हैं।

फ्लोरेंस स्कोवेल शिन का दिव्य संरेखण का सिद्धांत सफलता की यात्रा पर जाने वालों के लिए एक मार्गदर्शक प्रकाश के रूप में कार्य करता है। यह व्यक्तियों को सामान्य से आगे बढ़ने और उच्चतर, सार्वभौमिक शक्तियों के साथ सह-रचनात्मक साझेदारी अपनाने के लिए आमंत्रित करता है। यह सिद्धांत, जो उनकी शिक्षाओं के ताने-बाने में बुना गया है, पाठकों को अपने विचारों और कार्यों को दिव्य ज्ञान के साथ संरेखित करने, उद्देश्यपूर्ण, प्रचुरता और स्थायी सफलता के जीवन के द्वार खोलने के लिए प्रेरित करता रहता है।

उद्धरण:

"आपका शब्द ही आपकी छड़ी है। आपके द्वारा बोले गए शब्द ही आपका भाग्य बनाते हैं।"

शिन किसी की वास्तविकता को आकार देने में शब्दों की शक्ति पर जोर देती है। यह उद्धरण बताता है कि हम जिस भाषा का उपयोग करते हैं और जो विचार हम व्यक्त करते हैं उसका हमारे जीवन पर सीधा प्रभाव पड़ता है।

“आप तब तक असफल रहेंगे, जब तक आप अवचेतन मन को इस विश्वास से प्रभावित नहीं कर लेते कि आप सफल हैं। यह एक प्रतिज्ञान करके किया जाता है जो क्लिक करता है।”

शिन पुष्टि के महत्व और किसी के अनुभवों को आकार देने में अवचेतन मन की भूमिका में विश्वास करते थे। यह उद्धरण इस विचार को रेखांकित करता है कि किसी के लक्ष्यों को प्राप्त करने के लिए अवचेतन के भीतर सफलता का गहरा विश्वास पैदा करना महत्वपूर्ण है।

“हर महान कार्य, हर बड़ी उपलब्धि, दूरदर्शिता पर कायम रहने के माध्यम से प्रकट होती है, और अक्सर बड़ी उपलब्धि से ठीक पहले, स्पष्ट विफलता और निराशा आती है।”

दृढ़ता और दूरदर्शिता पर शिन का दृष्टिकोण इस उद्धरण में परिलक्षित होता है। यह सुझाव देता है कि महत्वपूर्ण उपलब्धियों से ठीक पहले चुनौतियाँ और असफलताएँ आ सकती हैं, और बाधाओं पर काबू पाने के लिए स्पष्ट दृष्टि बनाए रखना आवश्यक है।

फ़्लोरेंस स्कोवेल शिन की शिक्षाएँ अक्सर विचार की शक्ति, पुष्टि और सफलता और पूर्णता प्राप्त करने में आध्यात्मिकता की भूमिका के विचार पर केंद्रित होती हैं।

राल्फ वाल्डो इमर्सन

-7-

राल्फ वाल्डो इमर्सन

राल्फ वाल्डो इमर्सन स्वयं-सहायता और व्यक्तिगत विकास के क्षेत्र में एक अमिट छाप छोड़कर एक प्रमुख लेखक के रूप में खड़े हैं। उनका उल्लेखनीय कार्य व्यक्तियों में महत्वपूर्ण विकास को बढ़ावा देने, उन्हें अधिक पूर्ण और सार्थक जीवन जीने के लिए अमूल्य अंतर्दृष्टि और सिद्धांत प्रदान करने की गहरी प्रतिबद्धता का गवाह है।

इमर्सन के प्रभावशाली निबंध, जिनमें "सेल्फ-रिलायंस" और "द ओवरसोल" शामिल हैं, समय की सीमाओं को पार करते हैं, जो जीवन की जटिलताओं को समझने की चाह रखने वाले पाठकों के लिए ज्ञान के प्रकाशस्तंभ के रूप में कार्य करते हैं। उनकी उपलब्धियाँ पारंपरिक साहित्य के दायरे से परे फैली हुई हैं, जो मानव आत्मा को सशक्त बनाने में एक दूरदर्शी निवेश का प्रतिनिधित्व करती हैं।

जो चीज़ इमर्सन को एक असाधारण लेखक के रूप में अलग करती है, वह व्यावहारिक मार्गदर्शन के साथ दार्शनिक गहराई को सहजता से मिश्रित करने की उनकी क्षमता है। उनका लेखन महज़ बौद्धिक अभ्यास नहीं है; वे परिवर्तनकारी सिद्धांत हैं जिनमें व्यक्तियों के जीवन को समझने और संचालित करने के तरीके को नया आकार देने की क्षमता है। इमर्सन एक मार्गदर्शक के रूप में उभरे हैं, जो पाठकों से अपने आंतरिक संसाधनों की खोज करने, अपने अंतर्ज्ञान पर भरोसा करने और आत्म-खोज की यात्रा पर निकलने का आग्रह करते हैं।

इमर्सन की विरासत स्थायी महत्व में से एक है। उनका काम पीढ़ियों तक गूंजता रहता है, जो आत्म-सुधार के मार्ग पर चलने वालों के लिए कालातीत ज्ञान प्रदान करता है। उनका योगदान एक उच्च गुणवत्ता वाले लेखक के स्थायी मूल्य के प्रमाण के रूप में खड़ा है जो उन लोगों के विकास और कल्याण के लिए प्रतिबद्ध है जो अपनी वास्तविक क्षमता को अनलॉक करना चाहते हैं।

राल्फ वाल्डो इमर्सन द्वारा लिखित पुस्तक "Self-Reliance" के माध्यम से सफलता हासिल करना:

अपने अभूतपूर्व कार्य, "**सेल्फ-रिलायंस**" में, राल्फ वाल्डो इमर्सन पाठकों को एक परिवर्तनकारी यात्रा पर निकलने के लिए प्रेरित करते हैं, जिसमें उन गहन सिद्धांतों का खुलासा किया जाता है जो प्रामाणिकता और पूर्णता के जीवन को आकार देते हैं। यह साहित्यिक रत्न एक मात्र पुस्तक की सीमाओं को पार करता है, खुद को एक कालातीत मार्गदर्शक के रूप में स्थापित करता है जिसने उस चीज़ की नींव रखी जो बाद में स्व-सहायता साहित्य की आधारशिला बन गई।

इमर्सन की "सेल्फ-रिलायंस" व्यक्तिवाद के जोरदार आह्वान के साथ शुरू होती है, जो पाठकों को सामाजिक अनुरूपता के बंधनों से मुक्त होने और अपने मन की विशिष्टता को अपनाने की चुनौती देती है। वह व्यक्तियों से आग्रह करते हैं कि वे अटूट आत्मविश्वास और आत्म-आश्वासन के साथ अपना रास्ता बनाएँ, अपने अंतर्ज्ञान पर भरोसा करते हुए उन्हें अपने वास्तविक स्वरूप की ओर मार्गदर्शन करें।

इमर्सन के दर्शन के ताने-बाने में सकारात्मक सोच की परिवर्तनकारी शक्ति छिपी हुई है, एक कालातीत सिद्धांत जो स्व-सहायता साहित्य के गलियारों में गूंजता रहता है। "सेल्फ-रिलायंस" पाठकों को सकारात्मक मानसिकता विकसित करने के लिए प्रोत्साहित करती है, इस बात पर जोर देती है कि आशावाद और आत्म-विश्वास व्यक्तिगत विकास और सफलता के लिए मौलिक उत्प्रेरक हैं।

इमर्सन की शिक्षाएँ आत्मनिर्भरता की अभिव्यक्ति के रूप में लक्ष्य निर्धारण की अवधारणा को सहजता से एकीकृत करती हैं। उनका तर्क है कि व्यक्ति, अपने आंतरिक विश्वास पर भरोसा करके, अपने प्रामाणिक स्वयं के अनुरूप सार्थक लक्ष्य निर्धारित कर सकते हैं। ये लक्ष्य न केवल सफलता के मानक बन जाते हैं बल्कि किसी के व्यक्तित्व और उद्देश्य की शक्तिशाली पुष्टि भी बन जाते हैं।

"आत्मनिर्भरता" बाद के स्व-सहायता साहित्य के लिए एक मूलभूत आधारशिला के रूप में खड़ा है, जो समय के साथ कायम रहने वाले सिद्धांतों के लिए मंच तैयार करता है। सकारात्मक सोच और लक्ष्य निर्धारण की शक्ति में निहित इमर्सन की अंतर्दृष्टि, उनके नक्शेकदम पर चलने वाले अनगिनत लेखकों को प्रेरित करती रहती है। उनका काम सिर्फ एक मार्गदर्शक नहीं है; यह एक दार्शनिक कृति है जो अपने युग को पार करती है, कालातीत ज्ञान प्रदान करती है जो व्यक्तियों को आत्म-खोज और प्रामाणिकता की यात्रा शुरू करने के लिए सशक्त बनाती है।

राल्फ वाल्डो इमर्सन के 'सफलता के सिद्धांत':

राल्फ वाल्डो इमर्सन पाठकों को एक कालातीत और अमूल्य सफलता सिद्धांत – व्यक्तित्व की संप्रभुता – के साथ छोड़ता है। इमर्सन के दर्शन के मूल में यह गहन विचार निहित है कि सच्ची सफलता किसी की विशिष्ट पहचान को अपनाने और दुनिया में एक प्रामाणिक मार्ग बनाने से गहराई से जुड़ी हुई है।

इमर्सन का दावा है कि किसी की पूरी क्षमता को साकार करने की कुंजी व्यक्तित्व की गहरी भावना पैदा करने में निहित है। वह जो सफलता सिद्धांत प्रदान करते हैं वह सामाजिक अपेक्षाओं के अनुरूप होने का

आह्वान नहीं है, बल्कि साहस के साथ अपने प्रामाणिक स्व को व्यक्त करने का एक शानदार निमंत्रण है। इस दर्शन में, सच्ची सफलता बाहरी मान्यता से नहीं मापी जाती, बल्कि व्यक्ति के कार्यों को व्यक्तित्व की आंतरिक दिशा के साथ संरेखित करने से मापी जाती है।

व्यक्तित्व की संप्रभुता जीवन की जटिलताओं से निपटने के लिए एक मार्गदर्शक प्रकाश के रूप में उभरती है। इमर्सन पाठकों को अपने अंतर्ज्ञान पर भरोसा करने, उनकी विशिष्टता का जश्न मनाने और अनुरूपता के दबाव का विरोध करने के लिए प्रोत्साहित करते हैं। ऐसा करने से, व्यक्ति रचनात्मकता, लचीलेपन और प्रामाणिकता के अंतहीन भंडार का लाभ उठाते हैं – जो वास्तविक सफलता के मूलभूत तत्व हैं।

इमर्सन का सफलता सिद्धांत उपलब्धि के लगातार बदलते परिदृश्यों को पार करते हुए, समय के साथ गूंजता रहता है। यह व्यक्तियों को अपने जुनून और मूल्यों की प्रामाणिक अभिव्यक्ति में निहित सफलता को अपनी शर्तों पर परिभाषित करने की चुनौती देता है। व्यक्तित्व की संप्रभुता एक परिवर्तनकारी कुंजी बन जाती है, जो उद्देश्य, पूर्ति और स्थायी सफलता से समृद्ध जीवन के दरवाजे खोलती है।

राल्फ वाल्डो इमर्सन का सफलता सिद्धांत एक गहन अनुस्मारक के रूप में कार्य करता है कि सच्ची सफलता का मार्ग किसी के व्यक्तित्व की प्रामाणिकता से प्रशस्त होता है। यह एक स्थायी प्रकाशस्तंभ के रूप में खड़ा है, जो पीढ़ियों को अपनी विशिष्टता को अपनाने और उस अटूट आत्मविश्वास के साथ सफलता की यात्रा करने के लिए प्रेरित करता है जो स्वयं के प्रति सच्चा जीवन जीने से आता है।

उद्धरण:

"वहाँ मत जाओ जहाँ रास्ता ले जाए, वहाँ जाओ जहाँ कोई रास्ता नहीं है और एक निशान छोड़ दो।"

यह उद्धरण व्यक्तियों को व्यक्तित्व अपनाने और जीवन में अपने स्वयं के अनूठे रास्ते अपनाने के लिए प्रोत्साहित करता है। इमर्सन केवल स्थापित मार्गों का अनुसरण करने के बजाय नए रास्ते बनाने और छाप छोड़ने के महत्व पर जोर देते हैं।

"हमारे पीछे क्या है और हमारे सामने क्या है, यह हमारे भीतर क्या है उसकी तुलना में छोटी बातें हैं।"

इमर्सन जीवन की चुनौतियों का सामना करने में आंतरिक शक्ति और चरित्र के महत्व पर प्रकाश डालते हैं। यह उद्धरण बताता है कि हमारे आंतरिक संसाधन और क्षमताएं बाहरी परिस्थितियों से अधिक महत्वपूर्ण हैं।

"ऐसी दुनिया में खुद का बने रहना जो लगातार आपको कुछ और बनाने की कोशिश कर रही है, सबसे बड़ी उपलब्धि है।"

इमर्सन प्रामाणिकता और आत्म-अभिव्यक्ति की वकालत करते हैं। यह उद्धरण व्यक्तियों को अपनी पहचान के प्रति सच्चे रहने के महत्व पर बल देते हुए सामाजिक दबावों और अपेक्षाओं का विरोध करने के लिए प्रोत्साहित करता है।

राल्फ वाल्डो इमर्सन के लेखन में अक्सर व्यक्तिवाद, आत्मनिर्भरता और लोगों की अंतर्निहित अच्छाई के विषयों की खोज की गई। उनके दार्शनिक विचारों का 19वीं शताब्दी के दौरान अमेरिकी साहित्य और विचार पर गहरा प्रभाव पड़ा।

हैरियट मार्टिनौ

-8-

हैरियट मार्टिनौ

हैरियट मार्टिनो एक असाधारण लेखिका हैं जिनके उल्लेखनीय काम ने स्वयं सहायता और व्यक्तिगत विकास के परिदृश्य पर एक अमिट छाप छोड़ी है। उनकी उपलब्धियाँ व्यक्तियों में महत्वपूर्ण विकास को बढ़ावा देने, उन्हें अधिक पूर्ण और उद्देश्यपूर्ण जीवन जीने के लिए अमूल्य अंतर्दृष्टि और सिद्धांत प्रदान करने की गहरी प्रतिबद्धता की गवाही देती हैं।

मार्टिनो के साहित्यिक योगदान, जिनमें "How to Observe Morals and Manners" और "Illustrations of Political Economy" शामिल हैं, समय की सीमाओं को पार करते हैं। अपने वाक्पटु गद्य और सूक्ष्म टिप्पणियों के माध्यम से, वह स्वयं-सहायता के क्षेत्र में एक मार्गदर्शक शक्ति के रूप में उभरती है, जो पाठकों को आत्म-सुधार के लिए व्यावहारिक उपकरण प्रदान करती है।

मार्टिनो को एक असाधारण लेखिका के रूप में जो चीज़ अलग करती है, वह व्यक्तिगत विकास सिद्धांतों के साथ सामाजिक टिप्पणियों को सहजता से मिश्रित करने की उनकी क्षमता है। उनका लेखन न केवल मानव व्यवहार की जटिलताओं को प्रतिबिंबित करने वाले दर्पण के रूप में काम करता है, बल्कि व्यक्तिगत विकास चाहने वाले व्यक्तियों के लिए ज्ञान के स्रोत के रूप में भी काम करता है। मार्टिनो एक संरक्षक बन जाता है, पाठकों से अपने नैतिकता और शिष्टाचार की जांच करने का आग्रह करता है, स्वयं की गहरी समझ को बढ़ावा देता है।

मार्टिनो की विरासत पृष्ठ पर शब्दों से परे फैली हुई है, जो उसके काम से जुड़े लोगों पर परिवर्तनकारी प्रभाव से स्पष्ट है। वह पाठकों के लिए जीवन की जटिलताओं को समझने, मानव व्यवहार, सामाजिक

गतिशीलता और व्यक्तिगत विकास के मार्ग में मूल्यवान अंतर्दृष्टि प्रदान करने के लिए एक प्रकाशस्तंभ बन जाती है।

एक असाधारण लेखक के रूप में हैरियट मार्टिनो का योगदान प्रेरणा और मार्गदर्शन के एक कालातीत स्रोत के रूप में गूंजता है। उनका उल्लेखनीय कार्य आत्म-खोज और व्यक्तिगत विकास की यात्रा पर निकलने वाले व्यक्तियों के लिए ज्ञान का स्रोत बना हुआ है, जो पीढ़ियों से परे सशक्तिकरण की विरासत को बढ़ावा देता है।

हैरियट मार्टिनो द्वारा लिखित पुस्तक "How to Observe Morals and Manners" के माध्यम से सफलता प्राप्त करना:

अपने मनमोहक काम, "हाउ तो ऑब्सेर्वे मॉरल्स एंड मैनर्स" (नैतिकता और शिष्टाचार का निरीक्षण कैसे करें) में, हैरियट मार्टिनो पाठकों को एक ऐसी यात्रा पर ले जाती है जो केवल अवलोकन से आगे बढ़कर व्यक्तिगत विकास के लिए एक कालातीत मार्गदर्शक में बदल जाती है। अपने पन्नों के भीतर, मार्टिनो मानव व्यवहार की जटिल कार्यप्रणाली पर प्रकाश डालता है, सिद्धांतों की नींव स्थापित करता है जो बाद के स्व-सहायता साहित्य के गलियारों में गूंजता रहता है।

इस साहित्यिक कृति में, मार्टिनो सामाजिक गतिशीलता के एक उत्सुक पर्यवेक्षक के रूप में उभरता है, जो पाठकों को एक अद्वितीय लेंस प्रदान करता है जिसके माध्यम से मानव संपर्क की जटिलताओं को नेविगेट किया जा सकता है। उनका काम महज समाजशास्त्रीय अध्ययन की सीमाओं को पार कर व्यक्तिगत विकास के लिए एक व्यावहारिक मैनुअल में विकसित हुआ है। मार्टिनो सामाजिक टिप्पणियों और मूलभूत स्व-सहायता सिद्धांतों के बीच समानताएं खींचता है, जो पाठकों को सकारात्मक सोच की परिवर्तनकारी शक्ति में मूल्यवान अंतर्दृष्टि प्रदान करता है।

जैसे ही मार्टिनो नैतिकता और शिष्टाचार की जटिलताओं की खोज करती है, वह व्यक्तिगत और सामाजिक कल्याण पर सकारात्मक मानसिकता के गहरे प्रभाव को उजागर करती है। वह मानव व्यवहार की बारीकियों को इस मूलभूत सिद्धांत से जोड़ने में अग्रणी बन गई है कि आशावाद और सकारात्मक विचार व्यक्तिगत विकास के लिए उत्प्रेरक हैं। उनका काम बाद के स्व-सहायता साहित्य के लिए मार्ग प्रशस्त करता है, जिसमें व्यक्तिगत लक्ष्यों को सामाजिक मूल्यों के साथ संरेखित करने के महत्व पर जोर दिया गया है।

"हाउ तो ऑब्सेर्वे मॉरल्स एंड मैनर्स" बाद के स्व-सहायता साहित्य के लिए आधारशिला के रूप में खड़ा है, इसकी अंतर्दृष्टि समय के साथ तरंगित हो रही है। मार्टिनो का सामाजिक अवलोकन और व्यक्तिगत विकास सिद्धांतों का अनूठा मिश्रण पाठकों को मानव व्यवहार की जटिलताओं को समझने के लिए एक रोडमैप प्रदान करता है। उनका काम समाजशास्त्रीय अन्वेषण के दायरे से परे है, जो व्यक्तिगत विकास और समझ चाहने वालों के लिए एक कालातीत मार्गदर्शक बन गया है।

हैरियट मार्टिनो की पुस्तक एक सामाजिक टिप्पणी के रूप में अपनी भूमिका से ऊपर उठती है, व्यक्तिगत विकास के पथ पर पाठकों के लिए एक प्रकाशस्तंभ में बदल जाती है। "नैतिकता और शिष्टाचार का

पालन कैसे करें" सकारात्मक सोच, लक्ष्य निर्धारण और व्यक्तिगत विकास और सामाजिक मानदंडों के बीच जटिल नृत्य की शक्ति में गहन अंतर्दृष्टि प्रदान करता है।

हैरियट मार्टिनो के 'सफलता के सिद्धांत':

हेरिएट मार्टिनो अवलोकन संबंधी बुद्धि के गहन और स्थायी सफलता सिद्धांत का परिचय देते हैं। मार्टिनो के दर्शन के केंद्र में यह अवधारणा निहित है कि नैतिकता और शिष्टाचार का गहन अवलोकन व्यक्तिगत और सामाजिक उन्नति के लिए एक शक्तिशाली उपकरण के रूप में कार्य करता है।

मार्टिनो व्यक्तियों को विचारशील अवलोकन की आदत विकसित करने की चुनौती देता है, और उनसे मानव व्यवहार और सामाजिक मानदंडों की जटिलताओं की जांच करने का आग्रह करता है। वह जो सफलता सिद्धांत प्रदान करती है वह इस विश्वास पर आधारित है कि इन गतिशीलता की गहरी समझ जीवन की जटिलताओं से निपटने में रणनीतिक लाभ प्रदान करती है।

अवलोकन संबंधी बुद्धि का सिद्धांत व्यक्तिगत विकास के लिए एक परिवर्तनकारी कुंजी बन जाता है। मार्टिनो पाठकों को अपने परिवेश के बारे में जागरूकता बढ़ाने, पैटर्न, प्रेरणाओं और सामाजिक रुझानों को समझने की क्षमता को बढ़ावा देने के लिए प्रोत्साहित करता है। उनका तर्क है कि यह तीव्र अवलोकन कौशल, सूचित निर्णय लेने और सफलता की दिशा में एक रास्ता तय करने की नींव है।

इसके अलावा, मार्टिनो का सफलता सिद्धांत व्यक्तिगत विकास के लिए अवलोकन संबंधी अंतर्दृष्टि को लागू करने के महत्व को रेखांकित करता है। नैतिकता और शिष्टाचार की गतिशीलता को समझकर, व्यक्ति अपने लक्ष्यों और आकांक्षाओं को सामाजिक मूल्यों के साथ जोड़ सकते हैं, जिससे सफलता का सामंजस्यपूर्ण मार्ग तैयार हो सकता है।

हैरियट मार्टिनो का अवलोकन संबंधी बुद्धि का सिद्धांत सफलता चाहने वालों के लिए एक मार्गदर्शक प्रकाश बन जाता है। यह व्यक्तियों को उनके अवलोकन कौशल को तेज करने के लिए आमंत्रित करता है, जो व्यक्तिगत और व्यावसायिक विकास के लिए एक अद्वितीय सुविधाजनक बिंदु प्रदान करता है। यह सिद्धांत, जो उनकी शिक्षाओं के ताने-बाने में बुना गया है, पाठकों को गहन अवलोकन की परिवर्तनकारी शक्ति को अपनाने के लिए प्रेरित करता रहता है क्योंकि वे स्थायी सफलता की ओर यात्रा करते हैं।

उद्धरण:

"एक बुद्धिमान व्यक्ति का जीवन अतीत पर एक टिप्पणी है।"

मार्टिनो का सुझाव है कि एक बुद्धिमान व्यक्ति का जीवन पिछले अनुभवों के प्रतिबिंब और व्याख्या के रूप में कार्य करता है। यह उद्धरण इस विचार को रेखांकित करता है कि व्यक्ति अपने जीवन के अनुभवों से सीख सकते हैं और ज्ञान प्राप्त कर सकते हैं।

"बुद्धिमानी से निर्णय करने के लिए, हमें यह जानना चाहिए कि नासमझों को चीजें कैसी दिखाई देती हैं।"

मार्टिनो सहानुभूति और विभिन्न दृष्टिकोणों को समझने के महत्व पर जोर देते हैं। यह उद्धरण बताता है कि सच्चा ज्ञान उन लोगों के दृष्टिकोण से स्थितियों को देखने और समझने में सक्षम होने से आता है जिनके पास समान स्तर की अंतर्दृष्टि नहीं हो सकती है।

"अच्छे कपड़े पहनने का एहसास आंतरिक शांति की अनुभूति देता है जिसे धर्म प्रदान करने में असमर्थ है।"

मार्टिनो व्यक्तिगत दिखावे के मनोवैज्ञानिक प्रभाव को स्वीकार करते हैं और सुझाव देते हैं कि अच्छे कपड़े पहनने से आंतरिक शांति और आत्मविश्वास की भावना में योगदान हो सकता है।

हैरियट मार्टिनो का काम सामाजिक न्याय, समानता और सामाजिक संरचनाओं की जांच के मुद्दों पर केंद्रित था। शुरुआती समाजशास्त्रियों में से एक के रूप में, उन्होंने सामाजिक मुद्दों और व्यक्तियों और समुदायों पर उनके प्रभाव को समझने में महत्वपूर्ण योगदान दिया।

सैमुअल स्माइल्स

-9-

सैमुअल स्माइल्स

सैमुअल स्माइल्स एक असाधारण लेखक के रूप में उभरे हैं, जिन्हें उनके उल्लेखनीय कार्य और स्व-सहायता और व्यक्तिगत विकास के क्षेत्र में गहन योगदान के लिए जाना जाता है। उनकी साहित्यिक विरासत व्यक्तियों में महत्वपूर्ण विकास को बढ़ावा देने, उन्हें स्थायी मूल्य का जीवन विकसित करने के लिए अमूल्य अंतर्दृष्टि और सिद्धांत प्रदान करने की गहरी प्रतिबद्धता के प्रमाण के रूप में खड़ी है।

"स्वयं-सहायता" और "चरित्र" जैसे मौलिक कार्यों के माध्यम से, मुस्कान उन पाठकों के लिए एक प्रकाशस्तंभ बन जाती है जो व्यक्तिगत विकास की जटिलताओं को समझना चाहते हैं। उनकी उपलब्धियाँ पारंपरिक साहित्य की सीमाओं से परे फैली हुई हैं, जो व्यक्तियों को अपने भाग्य की जिम्मेदारी लेने के लिए सशक्त बनाने में एक दूरदर्शी निवेश का प्रतिनिधित्व करती हैं।

स्माइल्स को एक असाधारण लेखक के रूप में जो चीज़ अलग करती है, वह व्यावहारिक ज्ञान को दार्शनिक गहराई के साथ सहजता से मिश्रित करने की उनकी अद्वितीय क्षमता है। उनका लेखन महज़ सलाह के दायरे से आगे निकलकर परिवर्तनकारी सिद्धांतों में विकसित हुआ जो युगों-युगों तक गूंजता रहा। स्माइल्स एक मार्गदर्शक की भूमिका निभाती है, जो पाठकों को आत्म-खोज की यात्रा पर मार्गदर्शन करती है और ऐसे सबक प्रदान करती है जो उनकी किताबों के पन्नों से कहीं आगे तक फैले होते हैं।

मुस्कान की विरासत किसी विशिष्ट युग तक ही सीमित नहीं है; यह समय से परे है, आत्मनिर्भरता, परिश्रम और उत्कृष्टता की खोज के शाश्वत संदेश के साथ पीढ़ियों को प्रेरित करता है। उनका काम उन लोगों के

लिए मार्गदर्शन का स्रोत बना हुआ है जो अपनी वास्तविक क्षमता को उजागर करना चाहते हैं और उद्देश्य और पूर्ति के साथ जीवन जीना चाहते हैं।

एक असाधारण लेखक के रूप में सैमुअल स्माइल्स का योगदान सशक्तिकरण की विरासत का प्रतिनिधित्व करता है। उनका उल्लेखनीय कार्य प्रेरणा और ज्ञान का स्रोत बना हुआ है, जो पाठकों को व्यक्तिगत विकास की दिशा में एक रास्ता तय करने और अपने जीवन में स्थायी मूल्य विकसित करने के लिए आवश्यक उपकरण प्रदान करता है।

सैमुअल स्माइल्स द्वारा लिखित पुस्तक "Self-Help" के माध्यम से सफलता हासिल करना:

अपने कालजयी क्लासिक "सेल्फ-हेल्प" में, सैमुअल स्माइल्स पाठकों को परिवर्तनकारी यात्रा पर आमंत्रित करते हैं, उन सिद्धांतों की नींव रखते हैं जो बाद के स्व-सहायता साहित्य के गलियारों में गूंजते रहते हैं। यह साहित्यिक कृति न केवल व्यक्तिगत विकास के लिए एक प्रकाशस्तंभ के रूप में कार्य करती है, बल्कि सकारात्मक सोच और लक्ष्य निर्धारण की शक्ति की गहन खोज के लिए भी मंच तैयार करती है।

"सेल्फ-हेल्प" स्व-सहायता शैली में अग्रणी के रूप में उभरता है, एक अभूतपूर्व कार्य जो आने वाली पीढ़ियों के लिए एक मार्गदर्शक प्रकाश बनने के लिए अपने युग को पार करता है। सैमुअल स्माइल्स एक पथप्रदर्शक के रूप में खड़े हैं, जो साहसपूर्वक इस विचार की वकालत करते हैं कि व्यक्तियों के पास आत्मनिर्भरता और दृढ़ संकल्प के माध्यम से अपने भाग्य को आकार देने की एजेंसी है।

"सेल्फ-हेल्प" के ताने-बाने में बुनी गई सकारात्मक सोच की परिवर्तनकारी शक्ति है। मुस्कान इस धारणा की प्रारंभिक प्रस्तावक बन जाती है कि सकारात्मक मानसिकता विकसित करना व्यक्तिगत विकास की आधारशिला है। उनकी अंतर्दृष्टि ने बाद के स्व-सहायता दिग्गजों की नींव रखी, जो सफलता की ओर किसी की यात्रा पर आशावाद के गहरे प्रभाव की व्याख्या करते हैं।

"सेल्फ-हेल्प" व्यक्तिगत उपलब्धि के लिए उत्प्रेरक के रूप में लक्ष्य निर्धारण की अवधारणा का परिचय देती है। स्माइल्स का तर्क है कि अपनी आकांक्षाओं की स्पष्ट दृष्टि से लैस व्यक्ति, उद्देश्य और दृढ़ संकल्प के साथ जीवन की जटिलताओं को पार कर सकते हैं। उनकी शिक्षाएँ उन लोगों के लिए एक शाश्वत मार्गदर्शिका बन जाती हैं जो अपने कार्यों को अपनी महत्वाकांक्षाओं के साथ संरेखित करना चाहते हैं।

"सेल्फ-हेल्प" में उल्लिखित सिद्धांत बाद के स्वयं-सहायता साहित्य के लिए मूलभूत बन गए, जिसने दशकों तक व्यक्तिगत विकास पर चर्चा को आकार दिया। स्माइल्स का काम सिर्फ एक किताब नहीं बल्कि आधारशिला बन जाता है, जो उनके नक्शेकदम पर चलने वाले अनगिनत लेखकों को प्रेरित करता है। उनकी अंतर्दृष्टि की स्थायी प्रासंगिकता उनके द्वारा प्रतिपादित सिद्धांतों की कालातीत प्रकृति की बात करती है।

"स्वयं-सहायता" एक किताब से कहीं अधिक है; यह एक परिवर्तनकारी मार्गदर्शिका है जो व्यक्तियों को आत्म-खोज और विकास की यात्रा पर निकलने के लिए सशक्त बनाती है। सैमुअल स्माइल्स की

विरासत पन्नों के माध्यम से गूंजती है, जो सकारात्मक सोच, लक्ष्य निर्धारण और स्थायी सिद्धांतों की शक्ति में गहन अंतर्दृष्टि प्रदान करती है जो पाठकों को स्व-निर्धारित सफलता के जीवन की ओर मार्गदर्शन करती रहती है।

सैमुअल स्माइल्स की 'सफलता के सिद्धांत':

अपने स्थायी कार्य में, सैमुअल स्माइल्स एक कालातीत और अमूल्य सफलता सिद्धांत – आत्मनिर्भरता का सिद्धांत – प्रदान करते हैं। स्माइल्स के दर्शन के मूल में यह गहन विचार निहित है कि सच्ची सफलता किसी व्यक्ति की अपनी क्षमताओं, दृढ़ संकल्प और संसाधनशीलता पर निर्भर रहने की क्षमता से जुड़ी हुई है।

आत्मनिर्भरता का सिद्धांत व्यक्तियों को अपने भाग्य की जिम्मेदारी लेने की चुनौती देता है, जिसमें परिवर्तनकारी शक्ति पर जोर दिया जाता है जो उनके स्वयं के कौशल और पहल पर भरोसा करने से उत्पन्न होती है। स्माइल्स का दावा है कि आत्मनिर्भरता की मजबूत भावना पैदा करके, व्यक्ति न केवल चुनौतियों का अधिक प्रभावी ढंग से सामना करते हैं बल्कि अपनी सफलता के वास्तुकार भी बन जाते हैं।

इसके अलावा, मुस्कान आत्मनिर्भरता के सिद्धांत के भीतर व्यक्तिगत जिम्मेदारी के महत्व को रेखांकित करती है। वह व्यक्तियों को अपने कार्यों, निर्णयों और जीवन पथों का स्वामित्व लेने के लिए प्रोत्साहित करता है। ऐसा करके, वे अपनी नियति को आकार देने और लचीलेपन और दृढ़ संकल्प के साथ बाधाओं को दूर करने की शक्ति का उपयोग करते हैं।

आत्मनिर्भरता का सिद्धांत सफलता चाहने वालों के लिए एक मार्गदर्शक प्रकाश के रूप में उभरता है, जो व्यक्तियों को अपनी क्षमताओं पर भरोसा करने, प्रतिकूल परिस्थितियों का सामना करने और अपनी आकांक्षाओं के अनुरूप एक रास्ता तय करने के लिए प्रेरित करता है। मुस्कान की बुद्धिमत्ता स्वतंत्रता के आह्वान मात्र से भी आगे तक फैली हुई है; यह उद्देश्य, उपलब्धि और स्थायी सफलता के जीवन के दरवाजे खोलने वाली एक परिवर्तनकारी कुंजी बन जाती है।

सैमुअल स्माइल्स का आत्मनिर्भरता का सिद्धांत सफलता की यात्रा पर आगे बढ़ने वालों के लिए आधारशिला बना हुआ है। यह एक गहन अनुस्मारक के रूप में कार्य करता है कि, किसी के लक्ष्यों की खोज में, सफल होने की ताकत उसके भीतर निहित है, जो आत्मनिर्भरता और व्यक्तिगत जिम्मेदारी के प्रति अटूट प्रतिबद्धता के माध्यम से प्रकट होने की प्रतीक्षा कर रही है।

उद्धरण:

"जिसने कभी गलती नहीं की, उसने कभी कोई खोज नहीं की।"

यह उद्धरण इस विचार पर जोर देता है कि गलतियाँ करना खोज और सीखने की प्रक्रिया का एक अंतर्निहित हिस्सा है। मुस्कान बताती है कि जोखिम लेना और असफलताओं से सीखना सफलता के आवश्यक घटक हैं।

"स्वयं सहायता सबसे अच्छी सहायता है।"

स्माइल्स के केंद्रीय विषयों में से एक यह विचार है कि व्यक्तियों के पास अपने प्रयासों के माध्यम से अपने जीवन को बेहतर बनाने की शक्ति है। यह उद्धरण आत्मनिर्भरता और व्यक्तिगत विकास की दिशा में सक्रिय कदम उठाने के महत्व को रेखांकित करता है।

"आशा सूरज की तरह है, जिसकी ओर हम जैसे ही यात्रा करते हैं, वह हमारे पीछे हमारे बोझ की छाया डाल देती है।"

मुस्कान आशा के रूपक को एक मार्गदर्शक शक्ति के रूप में उपयोग करती है, जैसे-जैसे हम इसकी ओर बढ़ते हैं, हमारी चुनौतियों का बोझ हल्का हो जाता है। यह उद्धरण किसी के दृष्टिकोण को बदलने की आशा की शक्ति पर उनके आशावादी दृष्टिकोण को दर्शाता है।

सैमुअल स्माइल्स का सबसे प्रसिद्ध काम 1859 में प्रकाशित "सेल्फ-हेल्प" है, जिसका आत्म-सुधार शैली पर महत्वपूर्ण प्रभाव पड़ा। उनके लेखन ने व्यक्तियों को अपने जीवन की जिम्मेदारी लेने और आत्म-सुधार की अपनी क्षमता पर विश्वास करने के लिए प्रोत्साहित किया।

लिमन एबॉट

-10-

लिमन एबॉट

लिमन एबॉट स्वयं-सहायता और व्यक्तिगत विकास के क्षेत्र में अपने उल्लेखनीय कार्य और उल्लेखनीय उपलब्धियों के माध्यम से एक अमिट छाप छोड़ते हुए एक असाधारण लेखक के रूप में उभरे हैं। उनका साहित्यिक योगदान पाठकों में महत्वपूर्ण वृद्धि को बढ़ावा देने, उन्हें मूल्यवान अंतर्दृष्टि और सिद्धांत प्रदान करने की दृढ़ प्रतिबद्धता के प्रमाण के रूप में खड़ा है जो व्यक्तिगत विकास और आत्म-खोज का मार्ग प्रशस्त करता है।

एबॉट का काम पारंपरिक साहित्य की सीमाओं को पार करता है, जो जीवन की जटिलताओं से निपटने में मार्गदर्शन चाहने वालों के लिए एक प्रकाशस्तंभ बन जाता है। चाहे दार्शनिक चिंतन, व्यावहारिक निबंध या व्यावहारिक सलाह के माध्यम से, एबॉट के लेखन व्यक्तिगत विकास की दिशा में व्यक्तियों की यात्रा के लिए प्रेरणा और सशक्तिकरण का स्रोत बन जाते हैं।

एबॉट को एक असाधारण लेखक के रूप में जो चीज़ अलग करती है, वह न केवल उनकी अंतर्दृष्टि की गहराई है, बल्कि व्यक्तिगत स्तर पर पाठकों से जुड़ने की उनकी अद्वितीय क्षमता भी है। उनके कार्य केवल लिखित शब्दों से कहीं अधिक हैं; वे आत्म-सुधार की राह पर साथी बन जाते हैं, व्यक्तिगत विकास की चुनौतियों से निपटने वालों को ज्ञान और प्रोत्साहन प्रदान करते हैं।

एबॉट की विरासत साहित्यिक क्षेत्र से परे फैली हुई है, जो पाठकों के जीवन पर उनके काम के परिवर्तनकारी प्रभाव से स्पष्ट है। उनकी उपलब्धियाँ उन व्यक्तियों के लिए एक कसौटी बन जाती हैं जो खुद को

बेहतर ढंग से समझना चाहते हैं, बाधाओं को दूर करना चाहते हैं और अधिक पूर्ण और उद्देश्यपूर्ण जीवन की दिशा में आगे बढ़ना चाहते हैं।

एक असाधारण लेखक के रूप में लिमन एबॉट का योगदान सशक्तिकरण और ज्ञानोदय की विरासत के रूप में प्रतिध्वनित होता है। उनका उल्लेखनीय कार्य मूल्यवान मार्गदर्शन का स्रोत बना हुआ है, जो पाठकों को आत्म-खोज और व्यक्तिगत विकास की यात्रा पर निकलने के लिए प्रेरित करता है, जिससे विकास की विरासत को बढ़ावा मिलता है जो उनके लेखन के पन्नों से परे है।

लाइमैन एबॉट द्वारा लिखित पुस्तक "The Evolution of Christianity" के माध्यम से सफलता प्राप्त करना:

अपने अभूतपूर्व कार्य, **"द इवोल्यूशन ऑफ क्रिश्चियनिटी"** में, लिमन एबॉट पाठकों को ईसाई धर्म के ऐतिहासिक और दार्शनिक आयामों के माध्यम से एक गहन यात्रा पर जाने के लिए आमंत्रित करते हैं। जबकि पुस्तक धार्मिक विचारों के जटिल विकास पर प्रकाश डालती है, यह उन सिद्धांतों को सूक्ष्मता से जोड़ती है जो बाद के स्व-सहायता साहित्य की नींव के साथ प्रतिध्वनित होते हैं, विशेष रूप से सकारात्मक सोच और लक्ष्य निर्धारण की परिवर्तनकारी शक्ति पर जोर देते हैं।

ईसाई धर्म के विकास के बारे में एबॉट की खोज आध्यात्मिक ज्ञान को अनलॉक करने के प्रवेश द्वार के रूप में कार्य करती है। यह पुस्तक ऐतिहासिक आख्यानों और धार्मिक दर्शन की अंतर्दृष्टि से बुनी गई एक टेपेस्ट्री बन जाती है, जो पाठकों को आध्यात्मिक विकास में अंतर्निहित परिवर्तनकारी शक्ति पर विचार करने के लिए आमंत्रित करती है।

कथा के भीतर सकारात्मक सोच का सूक्ष्म लेकिन शक्तिशाली विषय अंतर्निहित है। एबॉट ईसाई विचार के विकास और सकारात्मक मानसिकता बनाए रखने की सशक्त अवधारणा के बीच संबंध बनाते हैं। पुस्तक पाठकों को आध्यात्मिक विकास में आशावादी अंतर्धाराओं को पहचानने और सकारात्मक दृष्टिकोण से प्राप्त शक्ति का अपने जीवन में उपयोग करने के लिए प्रोत्साहित करती है।

जैसे-जैसे कहानी सामने आती है, एबट कुशलतापूर्वक लक्ष्य निर्धारण की अवधारणा को आध्यात्मिक विकास के ताने-बाने में बुनता है। पाठकों को ईसाई धर्म की आकांक्षाओं पर विचार करने और, विस्तार से, व्यक्तिगत और आध्यात्मिक लक्ष्य निर्धारित करने के लिए प्रेरित किया जाता है। यह पुस्तक ईसाई धर्म के विकास में अंतर्निहित स्थायी सिद्धांतों के साथ व्यक्तिगत आकांक्षाओं को संरेखित करने के लिए एक मार्गदर्शिका बन जाती है।

"द इवोल्यूशन ऑफ क्रिश्चियनिटी" आस्था और व्यक्तिगत विकास के बीच एक पुल के रूप में उभरता है। एबट की आध्यात्मिक विकास की खोज बाद के स्व-सहायता साहित्य में पाए गए सिद्धांतों के साथ सहजता से संरेखित होती है, जो पुस्तक को केवल एक ऐतिहासिक कथा से ऊपर उठाती है। यह न केवल ईसाई धर्म

की गहरी समझ चाहने वाले पाठकों के लिए एक अद्वितीय मार्गदर्शक बन जाता है, बल्कि व्यक्तिगत और आध्यात्मिक विकास को पोषित करने वाले कालातीत सिद्धांतों की भी जानकारी देता है।

लिमन एबॉट की "द इवोल्यूशन ऑफ क्रिस्चियनिटी" एक ऐतिहासिक कथा के रूप में अपनी भूमिका से परे है। यह पाठकों के लिए आध्यात्मिक विकास, सकारात्मक सोच और लक्ष्य निर्धारण के बीच परस्पर क्रिया का पता लगाने के लिए एक पोर्टल बन जाता है – एक जटिल टेपेस्ट्री जो विश्वास-आधारित अंतर्दृष्टि और व्यक्तिगत विकास सिद्धांतों दोनों की तलाश करने वालों के लिए प्रेरणा के स्रोत के रूप में गूंजती रहती है।

लाइमैन एबॉट की 'सफलता के सिद्धांत':

अपने गहन कार्य में, लाइमैन एबॉट एक स्थायी सफलता सिद्धांत – सामंजस्यपूर्ण विकास का सिद्धांत – प्रदान करते हैं। एबॉट के दर्शन के मूल में यह विचार निहित है कि सच्ची सफलता केवल व्यक्तिगत उपलब्धि से परे है। इसमें किसी के मन, शरीर और आत्मा का समग्र विकास शामिल है, जो हमारे आस-पास की दुनिया के साथ सामंजस्यपूर्ण सह-अस्तित्व को बढ़ावा देता है।

सामंजस्यपूर्ण विकास का सिद्धांत व्यक्तियों को सफलता को एक व्यापक यात्रा के रूप में देखने की चुनौती देता है, जो बौद्धिक, भावनात्मक और आध्यात्मिक आयामों को अपनाती है। एबॉट का दावा है कि सफलता की खोज एक अलग प्रयास नहीं होनी चाहिए, बल्कि इसे एक संतुलित और सामंजस्यपूर्ण जीवन में एकीकृत किया जाना चाहिए, जहाँ व्यक्तिगत विकास सामाजिक कल्याण के साथ संरेखित हो।

इसके अलावा, एबॉट व्यक्तिगत आकांक्षाओं को उद्देश्य और दूसरों की सेवा की व्यापक भावना के साथ जोड़ने के महत्व पर जोर देते हैं। वह जो सफलता सिद्धांत प्रदान करते हैं वह व्यक्तियों को न केवल व्यक्तिगत उपलब्धियों में बल्कि समाज के सामूहिक विकास और कल्याण में सकारात्मक योगदान देने के लिए भी प्रोत्साहित करता है।

सामंजस्यपूर्ण विकास का सिद्धांत सफलता चाहने वालों के लिए एक परिवर्तनकारी मार्गदर्शक के रूप में उभरता है, जो व्यक्तियों से व्यक्तिगत विकास के लिए एक सर्वांगीण और परस्पर जुड़े दृष्टिकोण को विकसित करने का आग्रह करता है। एबॉट का ज्ञान सफलता की पारंपरिक परिभाषा से परे फैला हुआ है, जो एक सूक्ष्म परिप्रेक्ष्य पेश करता है जो एक सामंजस्यपूर्ण और परस्पर जुड़े दुनिया के संदर्भ में व्यक्ति के उत्कर्ष को शामिल करता है।

लाइमन एबॉट का सामंजस्यपूर्ण विकास का सिद्धांत सफलता की यात्रा पर आगे बढ़ने वालों के लिए एक कालातीत प्रकाशस्तंभ बना हुआ है। यह एक गहन अनुस्मारक के रूप में कार्य करता है कि वास्तविक सफलता अकेले नहीं बल्कि व्यक्तिगत और सामाजिक कल्याण की समग्र और सामंजस्यपूर्ण खोज के माध्यम से प्राप्त की जाती है, जो संतुलित विकास की विरासत को बढ़ावा देती है जो युगों तक गूंजती रहती है।

उद्धरण:

"अपने बच्चों को यह मत सिखाओ कि कभी क्रोध मत करो; उन्हें सिखाओ कि क्रोध कैसे किया जाता है।"

एबॉट बच्चों को क्रोध सहित उनकी भावनाओं को समझने और प्रबंधित करने में मदद करने के महत्व पर जोर देते हैं। भावनाओं को दबाने के बजाय, वह उन्हें व्यक्त करने और प्रबंधित करने के स्वस्थ तरीके सिखाने का सुझाव देते हैं।

"दुनिया आशावादियों के लिए जगह नहीं है। दुनिया निराशावादियों के लिए जगह नहीं है। दुनिया यथार्थवादियों के लिए जगह है।"

एबट जीवन पर यथार्थवादी दृष्टिकोण की वकालत करते हैं। यह उद्धरण बताता है कि प्रभावी ढंग से आगे बढ़ने के लिए दुनिया में चुनौतियों और अवसरों दोनों को स्वीकार करना आवश्यक है।

"जीवन में सबसे कठिन चीजों में से एक है आपके दिल में ऐसे शब्द होना जिन्हें आप बोल नहीं सकते।"

यह उद्धरण अव्यक्त भावनाओं या विचारों की चुनौतियों के बारे में बात करता है। एबट भावनाओं को संप्रेषित करने में सक्षम हुए बिना उन्हें अंदर रखने की कठिनाई को दर्शाता है।

लिमन एबॉट को "द आउटलुक" पत्रिका के संपादक के रूप में उनके काम और धर्मशास्त्र और सामाजिक मुद्दों पर उनके प्रगतिशील विचारों के लिए जाना जाता था। उनके लेखन में अक्सर जीवन की जटिलताओं को समझने और उनसे जुड़ने का एक विचारशील और मानवीय दृष्टिकोण झलकता है।

एल्बर्ट हब्बार्ड

-11-

एल्बर्ट हब्बार्ड

एल्बर्ट हबर्ड एक असाधारण लेखक के रूप में प्रतिष्ठित हैं, जिन्हें उनके उल्लेखनीय कार्य और स्वयं-सहायता और व्यक्तिगत विकास के क्षेत्र में गहन योगदान के लिए जाना जाता है। उनकी साहित्यिक विरासत पाठकों में महत्वपूर्ण वृद्धि को बढ़ावा देने, उन्हें अमूल्य अंतर्दृष्टि और सिद्धांत प्रदान करने की गहरी प्रतिबद्धता के प्रमाण के रूप में खड़ी है जो व्यक्तिगत परिवर्तन और विकास के लिए उत्प्रेरक के रूप में काम करते हैं।

हबर्ड का काम पारंपरिक साहित्य की सीमाओं को पार करता है, जो स्वयं सहायता और व्यक्तिगत विकास की जटिलताओं से निपटने वाले व्यक्तियों के लिए एक प्रकाशस्तंभ का प्रतिनिधित्व करता है। उनकी उपलब्धियाँ केवल लिखित शब्दों से परे हैं, जिसमें पाठकों को स्थायी मूल्य और उद्देश्य के जीवन को विकसित करने के लिए सशक्त बनाने में एक दूरदर्शी निवेश शामिल है।

हबर्ड को एक असाधारण लेखक के रूप में जो चीज़ अलग करती है, वह न केवल उनकी अंतर्दृष्टि की गहराई है, बल्कि व्यक्तिगत स्तर पर पाठकों से जुड़ने की उनकी अद्वितीय क्षमता भी है। उनकी रचनाएँ एक पृष्ठ पर शब्दों से कहीं अधिक बन जाती हैं; वे आत्म-सुधार की यात्रा में साथी बन जाते हैं और अपने जीवन को बेहतर बनाने के इच्छुक लोगों को ज्ञान, प्रोत्साहन और व्यावहारिक मार्गदर्शन प्रदान करते हैं।

हबर्ड की विरासत किसी विशिष्ट युग तक ही सीमित नहीं है; यह समय के साथ प्रतिध्वनित होता है, पीढ़ियों को आत्मनिर्भरता, दृढ़ संकल्प और उत्कृष्टता की खोज के शाश्वत संदेश से प्रेरित करता है। उनका

काम उन लोगों के लिए मार्गदर्शन का स्रोत बना हुआ है जो अपनी वास्तविक क्षमता को उजागर करने और उद्देश्यपूर्ण जीवन जीने का प्रयास कर रहे हैं, जो हबर्ड के लेखन में निहित मूल्यवान सिद्धांतों से समृद्ध है।

एक असाधारण लेखक के रूप में एल्बर्ट हब्बार्ड का योगदान सशक्तिकरण और ज्ञानोदय की विरासत का प्रतिनिधित्व करता है। उनका उल्लेखनीय कार्य प्रेरणा का स्रोत बना हुआ है, जो पाठकों को स्वयं-सहायता और व्यक्तिगत विकास की यात्रा को आगे बढ़ाने के लिए आवश्यक उपकरण प्रदान करता है, विकास की एक विरासत को बढ़ावा देता है जो उनके लेखन के पन्नों से कहीं आगे तक फैली हुई है।

एल्बर्ट हब्बार्ड एबॉट द्वारा लिखित पुस्तक "A Message to Garcia" के माध्यम से सफलता प्राप्त करना

अपने प्रेरक कार्य **"ए मैसेज टू गार्सिया"** में एल्बर्ट हबर्ड पाठकों को अटूट दृढ़ संकल्प और दृढ़ कार्रवाई की यात्रा पर निकलने के लिए आमंत्रित करते हैं। हालांकि स्पष्ट रूप से सकारात्मक सोच और लक्ष्य निर्धारण पर ध्यान केंद्रित नहीं किया गया है, यह कालातीत कार्य सूक्ष्मता से उन सिद्धांतों में बुना गया है जिन्होंने बाद के स्व-सहायता साहित्य की नींव रखी, सकारात्मक मानसिकता की शक्ति और स्पष्ट रूप से परिभाषित उद्देश्यों की खोज पर जोर दिया।

"ए मैसेज टू गार्सिया" कार्रवाई के लिए एक सम्मोहक आह्वान के साथ शुरू होता है, जो स्पेनिश-अमेरिकी युद्ध के दौरान एक महत्वपूर्ण मिशन का वर्णन करता है। हबर्ड इस कथा को पहल, जिम्मेदारी और बिना किसी हिचकिचाहट या अनावश्यक जटिलता के कार्यों को निष्पादित करने की क्षमता के रूपक के रूप में उपयोग करता है।

कथा के भीतर सकारात्मक सोच का विषय अंतर्निहित है – एक अंतर्निहित धारा जो नायक रोवन को अटूट आशावाद के साथ एक असंभव प्रतीत होने वाले मिशन को स्वीकार करने के लिए प्रेरित करती है। हबर्ड कठिन चुनौतियों के बावजूद भी सकारात्मक मानसिकता बनाए रखने की परिवर्तनकारी शक्ति को सूक्ष्मता से रेखांकित करता है।

संदेश के मूल में गार्सिया तक संदेश पहुंचाने के लिए नायक की अटूट प्रतिबद्धता निहित है। यह अटूट संकल्प लक्ष्य निर्धारण के लिए एक रूपक बन जाता है, क्योंकि पाठकों को अपने उद्देश्यों को स्पष्टता के साथ परिभाषित करने और उन्हें उस दृढ़ता के साथ आगे बढ़ाने के लिए प्रोत्साहित किया जाता है जिसकी कोई सीमा नहीं है।

हालांकि सकारात्मक सोच और लक्ष्य निर्धारण पर स्पष्ट रूप से एक ग्रंथ नहीं है, "ए मैसेज टू गार्सिया" एक दृष्टांत के रूप में उभरता है जो बाद के स्व-सहायता साहित्य के लिए आधार तैयार करता है। हबर्ड की कहानी पहल, सकारात्मक मानसिकता और लक्ष्यों की दृढ़ खोज के महत्व पर एक कालातीत सबक बन जाती है – सिद्धांत जो स्व-सहायता ज्ञान के गलियारों में गूंजते हैं।

"ए मैसेज टू गार्सिया" स्व-सहायता के क्षेत्र में एक अद्वितीय प्रवेश बिंदु के रूप में कार्य करता है, जहाँ सकारात्मक सोच और लक्ष्य निर्धारण के सिद्धांतों को एक कथा के कपड़े में बुना जाता है जो पाठकों को पहल, जिम्मेदारी और अपनाने के लिए प्रेरित करता है। अपने उद्देश्यों की प्राप्ति में अटूट संकल्प।

एल्बर्ट हब्बार्ड के 'सफलता के सिद्धांत':

एल्बर्ट हबर्ड एक अद्वितीय और अमूल्य सफलता सिद्धांत - पहल का सिद्धांत - प्रदान करते हैं। हबर्ड के दर्शन के केंद्र में यह गहन विचार निहित है कि सच्ची सफलता किसी व्यक्ति की पहल को समझने, जिम्मेदारी स्वीकार करने और अटूट दृढ़ संकल्प के साथ कार्यों को निष्पादित करने की क्षमता से जुड़ी हुई है।

पहल का सिद्धांत व्यक्तियों को अपने कार्यों में सक्रिय और आत्मनिर्भर होने की चुनौती देता है। हबर्ड का दावा है कि वास्तविक सफलता एक निष्क्रिय प्रयास नहीं है, बल्कि अवसरों की पहचान करने, जिम्मेदारियों को निभाने और सक्रिय मानसिकता के साथ चुनौतियों का सामना करने की पहल करने का परिणाम है।

इसके अलावा, हबर्ड पहल के सिद्धांत के भीतर जिम्मेदारी की भावना के महत्व पर जोर देता है। वह व्यक्तियों को कार्यों और लक्ष्यों को जवाबदेही की गहरी भावना के साथ अपनाने के लिए प्रोत्साहित करते हैं, यह पहचानते हुए कि सफलता केवल व्यक्तिगत लक्ष्यों को प्राप्त करने के बारे में नहीं है, बल्कि किसी की जिम्मेदारियों के व्यापक संदर्भ में सकारात्मक योगदान देने के बारे में भी है।

पहल का सिद्धांत सफलता चाहने वालों के लिए एक परिवर्तनकारी मार्गदर्शक के रूप में उभरता है, जो व्यक्तियों को अपने प्रयासों के लिए एक सक्रिय और जिम्मेदार दृष्टिकोण अपनाने का आग्रह करता है। हबर्ड की बुद्धिमत्ता कार्रवाई के आह्वान मात्र से कहीं आगे तक फैली हुई है; यह उद्देश्य, उपलब्धि और स्थायी सफलता के जीवन के दरवाजे खोलने वाली कुंजी बन जाती है।

एल्बर्ट हब्बार्ड का पहल का सिद्धांत सफलता की यात्रा पर आगे बढ़ने वालों के लिए आधारशिला बना हुआ है। यह एक गहन अनुस्मारक के रूप में कार्य करता है कि, किसी के लक्ष्यों की खोज में, पहल करने, जिम्मेदारी लेने और दृढ़ संकल्प के साथ कार्यों को निष्पादित करने की क्षमता सार्थक उपलब्धि के जीवन की ओर रास्ता खोलने की मूलभूत कुंजी है।

उद्धरण:

"जीवन को बहुत गंभीरता से मत लो। तुम इससे कभी भी जीवित बाहर नहीं निकल पाओगे।"

यह उद्धरण हबर्ड की बुद्धि और हास्य को दर्शाता है। यह सुझाव देता है कि जीवन हल्केपन की भावना के साथ जीने के लिए है और इसे बहुत गंभीरता से नहीं लिया जाना चाहिए।

"कल अच्छे काम के लिए सबसे अच्छी तैयारी आज अच्छा काम करना है।"

हबर्ड भविष्य की सफलता की तैयारी के रूप में वर्तमान में लगातार अपना सर्वश्रेष्ठ प्रदर्शन करने के महत्व पर जोर देते हैं। यह उद्धरण काम के प्रति सक्रिय और मेहनती दृष्टिकोण को प्रोत्साहित करता है।

"दुनिया इन दिनों इतनी तेज़ी से आगे बढ़ रही है कि जो आदमी कहता है कि यह नहीं किया जा सकता, उसे आम तौर पर कोई ऐसा करने से रोकता है।"

हबर्ड यह विचार व्यक्त करते हैं कि प्रगति और नवप्रवर्तन अक्सर शीघ्रता से होते हैं। यह उद्धरण चुनौतियों के सामने संभावना और कार्रवाई की मानसिकता को प्रोत्साहित करता है।

एल्बर्ट हबर्ड रॉयक्रॉफ्ट कारीगर समुदाय के संस्थापक और कला और शिल्प आंदोलन के प्रस्तावक थे। उनका लेखन अक्सर उत्पादकता, व्यक्तिवाद और व्यक्तिगत उत्कृष्टता की खोज जैसे विषयों पर केंद्रित होता है।

विलियम जेम्स

-12-

विलियम जेम्स

स्व-सहायता और व्यक्तिगत विकास के क्षेत्र में अग्रणी विलियम जेम्स, गहन महत्व के लेखक के रूप में उभरे हैं। उनका कार्य उल्लेखनीय उपलब्धियों और पाठकों में पर्याप्त वृद्धि को बढ़ावा देने के समर्पित प्रयास दोनों का प्रमाण है। अपने लेखन के माध्यम से, जेम्स कुशलतापूर्वक मानव अनुभव की जटिलताओं को उजागर करते हैं, अंतर्दृष्टि और सिद्धांतों का खजाना पेश करते हैं जो व्यक्तिगत परिवर्तन और विकास के लिए दिशा-निर्देश के रूप में काम करते हैं।

एक लेखक के रूप में जेम्स को जो चीज़ अलग करती है, वह न केवल उनके विचारों की प्रतिभा है, बल्कि मानव मानस की उनकी गहरी समझ भी है। उनका काम पारंपरिक साहित्य की सीमाओं से परे जाकर एक परिवर्तनकारी शक्ति बन गया है जो पाठकों को आत्म-खोज और सुधार की यात्रा शुरू करने के लिए सशक्त बनाता है। जेम्स की उपलब्धियाँ लिखित शब्द से कहीं आगे तक फैली हुई हैं, जो पाठकों को स्थायी मूल्य का जीवन विकसित करने के लिए आवश्यक उपकरण प्रदान करने की प्रतिबद्धता को दर्शाती हैं।

जेम्स के काम की गहराई की खोज में, व्यक्ति को ज्ञान के भंडार का सामना करना पड़ता है जो स्वयं-सहायता और व्यक्तिगत विकास की जटिलताओं से निपटने के इच्छुक व्यक्तियों के साथ प्रतिध्वनित होता है। उनका लेखन न केवल सूचना का स्रोत बन जाता है, बल्कि आत्म-सुधार की राह पर भरोसेमंद साथी बन जाता है, जो अपने जीवन की गुणवत्ता को बढ़ाने का प्रयास करने वालों को अमूल्य मार्गदर्शन और व्यावहारिक अंतर्दृष्टि प्रदान करता है।

विलियम जेम्स की विरासत लौकिक सीमाओं से परे है, जिससे उनका काम आने वाली पीढ़ियों के लिए प्रेरणा का एक कालातीत स्रोत बन गया है। एक लेखक के रूप में उनका असाधारण योगदान सशक्तिकरण का स्रोत बना हुआ है, जो पाठकों को स्व-सहायता और व्यक्तिगत विकास की जटिल यात्रा को नेविगेट करने के साधनों से लैस करता है।

विलियम जेम्स का प्रभाव कायम है, और उनका काम व्यक्तियों को अधिक उद्देश्य और मूल्य के जीवन की ओर मार्गदर्शन करने वाला एक प्रकाशस्तंभ बना हुआ है।

विलियम जेम्स द्वारा लिखित पुस्तक "The Energies of Men" के माध्यम से सफलता प्राप्त करना:

अपने अभूतपूर्व कार्य, **"द एनर्जीज़ ऑफ़ मेन"** में, विलियम जेम्स मानव आत्मा के जटिल आयामों और उसके भीतर ऊर्जा के अव्यक्त भंडारों का पता लगाने के लिए एक सम्मोहक निमंत्रण देते हैं। हालाँकि पुस्तक स्पष्ट रूप से सकारात्मक सोच और लक्ष्य निर्धारण के दायरे में नहीं आती है, लेकिन यह उन सिद्धांतों को सूक्ष्मता से जोड़ती है जो बाद में स्व-सहायता साहित्य के क्षेत्र में मूलभूत बन गए।

यह कथा व्यक्तियों के भीतर रहने वाली अप्रयुक्त ऊर्जाओं को समझने और उनका दोहन करने के लिए एक मार्गदर्शक के रूप में सामने आती है। जेम्स पाठकों को अपने भीतर छिपी क्षमता को पहचानने के लिए प्रोत्साहित करते हैं, एक ऐसी कथा को बढ़ावा देते हैं जो मानव मानस में निष्क्रिय पड़े लचीलेपन और जीवन शक्ति के बारे में बात करती है।

इस अन्वेषण में सकारात्मक ऊर्जा की धारणा बुनी गई है, जो समग्र ऊर्जा और मानसिक दृढ़ता पर सकारात्मक मानसिकता बनाए रखने के परिवर्तनकारी प्रभाव पर जोर देती है। हालाँकि इस तरह स्पष्ट रूप से लेबल नहीं किया गया है, यह पुस्तक सकारात्मक सोच के सिद्धांतों के अग्रदूत के रूप में कार्य करती है, जो सकारात्मक दृष्टिकोण विकसित करने के गहन लाभों पर प्रकाश डालती है।

लक्ष्य निर्धारण पर स्पष्ट रूप से ध्यान केंद्रित न करते हुए, कथा व्यक्तिगत विकास की गहन समझ के लिए आधार तैयार करती है। जेम्स पाठकों को उनकी ऊर्जा की दिशा और उनकी गहरी आकांक्षाओं के अनुरूप प्रयासों की खोज पर विचार करने के लिए प्रेरित करता है। वह व्यक्तियों को अपनी आंतरिक क्षमता का दोहन करने और सार्थक लक्ष्यों की ओर अपनी ऊर्जा लगाने, उद्देश्य और पूर्ति के जीवन के लिए मंच तैयार करने के लिए प्रोत्साहित करते हैं।

"द एनर्जीज़ ऑफ़ मेन" बाद के स्व-सहायता साहित्य के लिए एक मूलभूत पाठ के रूप में उभरता है, जो अप्रत्यक्ष रूप से पाठकों को आंतरिक क्षमता को पहचानने, सकारात्मक सोच को बढ़ावा देने और लक्ष्य-उन्मुख जीवन के लिए मंच तैयार करने के लिए मार्गदर्शन करता है। जेम्स की अंतर्दृष्टि उन लोगों के लिए प्रेरणा का एक कालातीत स्रोत है जो ऊर्जा के अपने आंतरिक भंडार को खोलना चाहते हैं और व्यक्तिगत परिवर्तन की यात्रा पर निकलना चाहते हैं।

अपने मनोवैज्ञानिक अन्वेषण से परे, "द एनर्जीज़ ऑफ़ मेन" पाठकों के लिए अव्यक्त ऊर्जाओं का दोहन करने, सकारात्मक सोच को अपनाने और लक्ष्य-उन्मुख जीवन की नींव रखने का एक रोडमैप बन जाता है। विलियम जेम्स का काम जीवन को नई ऊर्जा और उद्देश्य से भरने, व्यक्तियों को अपनी आंतरिक शक्ति को उजागर करने और अपनी पूरी क्षमता हासिल करने के लिए सशक्त बनाने के लिए एक कालातीत मार्गदर्शक के रूप में गूंजता रहता है।

विलियम जेम्स के 'सफलता के सिद्धांत':

विलियम जेम्स, दर्शन और मनोविज्ञान के क्षेत्र में एक प्रसिद्ध व्यक्ति, एक गहरा और स्थायी सफलता सिद्धांत – आदत का सिद्धांत – प्रदान करते हैं। जेम्स के दर्शन के मूल में यह विचार निहित है कि हमारी आदतें, जो कार्य हम नियमित रूप से करते हैं, वे हमारे जीवन की दिशा को आकार देते हैं, और, परिणामस्वरूप, हमारी सफलता को। उनका तर्क है कि वास्तविक सफलता केवल असाधारण उपलब्धियों का परिणाम नहीं है बल्कि यह दैनिक आदतों और विकल्पों का संचयी प्रभाव है।

जेम्स व्यक्तियों को उनके विचार पैटर्न, कार्यों और अंततः, उनके जीवन के पथ पर आदतों के गहरे प्रभाव को पहचानने के लिए प्रोत्साहित करते हैं। उनका तर्क है कि छोटी लेकिन सुसंगत सकारात्मक आदतें विकसित करना, व्यक्तिगत विकास और सफलता में महत्वपूर्ण योगदान देता है। यह सिद्धांत जीवन की समग्र गुणवत्ता पर अभ्यस्त व्यवहार की परिवर्तनकारी शक्ति को रेखांकित करता है।

आदत का सिद्धांत सफलता चाहने वालों के लिए एक आधारशिला के रूप में उभरता है, जो व्यक्तियों को अपनी दैनिक दिनचर्या का आकलन और परिशोधन करने के लिए प्रेरित करता है। सकारात्मक आदतें पैदा करके, जेम्स इस बात पर जोर देते हैं कि व्यक्ति चुनौतियों का अधिक प्रभावी ढंग से सामना कर सकते हैं, विकास की मानसिकता को बढ़ावा दे सकते हैं और स्थायी सफलता की नींव रख सकते हैं। यह सिद्धांत, अपनी प्रयोज्यता में कालातीत, महज उपलब्धि से आगे तक फैला हुआ है और एक पूर्ण और उद्देश्यपूर्ण जीवन की व्यापक खोज के साथ प्रतिध्वनित होता है।

विलियम जेम्स का आदत का सिद्धांत स्थायी सफलता प्राप्त करने के इच्छुक व्यक्तियों के लिए एक मार्गदर्शक प्रकाशस्तंभ बना हुआ है। यह एक गहन अनुस्मारक के रूप में कार्य करता है कि हम प्रतिदिन जो सांसारिक विकल्प चुनते हैं, वे जबरदस्त प्रभाव डालते हैं, हमारे जीवन की रूपरेखा को आकार देते हैं और हमें उपलब्धि और व्यक्तिगत पूर्ति द्वारा परिभाषित भविष्य की ओर प्रेरित करते हैं।

उद्धरण:

"जीवन का सबसे बड़ा उपयोग इसे किसी ऐसी चीज़ के लिए खर्च करना है जो इसे लंबे समय तक बनाए रखे।"

जेम्स एक सार्थक और स्थायी प्रभाव के विचार पर जोर देते हैं। यह उद्धरण बताता है कि किसी का जीवन स्वयं से भी बड़ी किसी चीज़ के लिए समर्पित करना एक मूल्यवान और संतुष्टिदायक लक्ष्य है।

"ऐसे कार्य करें जैसे कि आप जो करते हैं उससे फर्क पड़ता है। फर्क पड़ता है।"

यह उद्धरण व्यक्तियों को अपने कार्यों के महत्व को पहचानने के लिए प्रोत्साहित करता है, चाहे वह कितना भी छोटा क्यों न हो। जेम्स व्यक्तिगत एजेंसी की शक्ति और व्यक्तिगत योगदान के प्रभाव पर जोर देते हैं।

"विश्वास करें कि जीवन जीने लायक है और आपका विश्वास इस तथ्य को बनाने में मदद करेगा।"

जेम्स किसी के अनुभवों को आकार देने में विश्वास और दृष्टिकोण की भूमिका को रेखांकित करते हैं। यह उद्धरण बताता है कि एक सकारात्मक दृष्टिकोण एक पूर्ण और सार्थक जीवन में योगदान दे सकता है।

विलियम जेम्स ने मनोविज्ञान, दर्शन और मानव चेतना के अध्ययन में महत्वपूर्ण योगदान दिया। उनके व्यावहारिक दृष्टिकोण ने विश्वासों और विचारों के व्यावहारिक परिणामों पर जोर दिया और 19वीं सदी के अंत और 20वीं सदी की शुरुआत में अमेरिकी विचार के विकास पर उनका गहरा प्रभाव पड़ा।

बुकर टी. वाशिंगटन

-13-

बुकर टी. वाशिंगटन

बुकर टी. वाशिंगटन एक असाधारण लेखक के रूप में प्रतिष्ठित हैं, जिन्हें उनके उल्लेखनीय कार्य और स्व-सहायता और व्यक्तिगत विकास के क्षेत्र में गहन योगदान के लिए जाना जाता है। उनकी साहित्यिक विरासत केवल शब्दों का संग्रह नहीं है, बल्कि एक परिवर्तनकारी शक्ति है जो पाठकों में महत्वपूर्ण वृद्धि पैदा करना चाहती है, आत्म-सुधार की यात्रा को आगे बढ़ाने के लिए मूल्यवान अंतर्दृष्टि और सिद्धांत प्रदान करती है।

वाशिंगटन का लेखकत्व पारंपरिक साहित्य की सीमाओं को पार करता है, जो स्वयं-सहायता और व्यक्तिगत विकास के जटिल परिदृश्यों को समझने वाले व्यक्तियों के लिए एक मार्गदर्शक प्रकाश के रूप में विकसित होता है। उनकी उपलब्धियाँ प्रशंसा से परे हैं, पाठकों को सशक्त बनाने के लिए एक दूरदर्शी समर्पण में प्रतिध्वनित होती हैं, एक ऐसी कथा को बढ़ावा देती है जो स्थायी विकास और व्यक्तिगत संवर्धन को प्रोत्साहित करती है।

वॉशिंगटन को एक असाधारण लेखक के रूप में जो चीज़ अलग करती है, वह न केवल उनके विचारों की प्रतिभा है, बल्कि पाठकों के साथ गहरा संबंध बनाने की उनकी अद्वितीय क्षमता भी है। उनकी रचनाएँ महज ग्रंथों से कहीं अधिक बन जाती हैं; वे आत्म-सुधार की यात्रा में साथी के रूप में विकसित होते हैं, अपने जीवन की गुणवत्ता को बढ़ाने का प्रयास करने वालों को ज्ञान, प्रोत्साहन और कार्रवाई योग्य मार्गदर्शन प्रदान करते हैं।

वाशिंगटन की विरासत किसी विशिष्ट युग से बंधी नहीं है; यह समय के साथ प्रतिध्वनित होता है, पीढ़ियों को दृढ़ता, आत्मनिर्भरता और व्यक्तिगत उत्कृष्टता की खोज के शाश्वत संदेश से प्रेरित करता है। उनका काम उन लोगों के लिए मार्गदर्शन का स्रोत बना हुआ है जो अपनी वास्तविक क्षमता को उजागर करने और उद्देश्यपूर्ण जीवन जीने का प्रयास कर रहे हैं, जो वाशिंगटन के लेखन में निहित मूल्यवान सिद्धांतों से समृद्ध है।

एक असाधारण लेखक के रूप में बुकर टी. वाशिंगटन का योगदान सशक्तिकरण और ज्ञानोदय की विरासत का प्रतिनिधित्व करता है। उनका उल्लेखनीय कार्य प्रेरणा का स्रोत बना हुआ है, जो पाठकों को स्वयं-सहायता और व्यक्तिगत विकास की यात्रा को आगे बढ़ाने के लिए आवश्यक उपकरण प्रदान करता है, विकास की एक विरासत को बढ़ावा देता है जो उनके लेखन के पन्नों से कहीं आगे तक फैली हुई है।

बुकर टी. वाशिंगटन द्वारा लिखित पुस्तक "Up from Slavery" के माध्यम से सफलता हासिल करना:

अपनी प्रेरणादायक आत्मकथा "अप फ्रॉम स्लेवरी" में बुकर टी. वॉशिंगटन ने सकारात्मक सोच और लक्ष्य निर्धारण की परिवर्तनकारी शक्ति को प्रकट करते हुए विपरीत परिस्थितियों पर विजय की एक सम्मोहक कथा प्रस्तुत की है। उनके व्यक्तिगत जीवन के एक मात्र विवरण से परे, यह पुस्तक लचीलेपन का एक प्रमाण बन जाती है, जिसमें वाशिंगटन की गुलामी में प्रारंभिक जीवन एक कहानी की पृष्ठभूमि के रूप में काम करता है जो विकट चुनौतियों के सामने सकारात्मक मानसिकता बनाए रखने से प्राप्त ताकत को रेखांकित करता है।

संपूर्ण कथा में परिवर्तन के उत्प्रेरक के रूप में सकारात्मक सोच का विषय बुना गया है। वाशिंगटन का अटूट आशावाद और प्रगति में विश्वास मूलभूत सिद्धांत बन गए हैं जो स्व-सहायता ज्ञान के गलियारों में गूंजते हैं। दासता से शिक्षा तक की उनकी उल्लेखनीय यात्रा जीवन पर सकारात्मक दृष्टिकोण बनाए रखने की परिवर्तनकारी क्षमता के प्रमाण के रूप में खड़ी है, यह दर्शाती है कि भारी बाधाओं के बावजूद भी, एक सकारात्मक मानसिकता व्यक्तिगत विकास और उपलब्धि के लिए एक शक्तिशाली शक्ति हो सकती है।

आत्मकथा विशेष रूप से शिक्षा के क्षेत्र में लक्ष्य निर्धारण के लिए एक रोडमैप के रूप में सामने आती है। ज्ञान प्राप्त करने के लिए वाशिंगटन की अटूट प्रतिबद्धता उनकी कथा में एक महत्वपूर्ण तत्व बन जाती है, जो सीमाओं को पार करने और एक उज्जवल भविष्य को आकार देने के साधन के रूप में स्पष्ट लक्ष्य निर्धारित करने के महत्व पर जोर देती है। वह स्पष्ट रूप से दर्शाता है कि शिक्षा सशक्तीकरण के लिए एक शक्तिशाली उपकरण के रूप में कार्य करती है, जो व्यक्तियों को प्रतिकूल परिस्थितियों के बंधनों से मुक्त होने और व्यक्तिगत पूर्ति के मार्ग पर चलने में सक्षम बनाती है।

"अप फ्रॉम स्लेवरी" सकारात्मक सोच और लक्ष्य निर्धारण की परिवर्तनकारी शक्ति का उदाहरण देकर बाद के स्व-सहायता साहित्य के अग्रदूत के रूप में उभरता है। वाशिंगटन की अंतर्दृष्टि उनकी व्यक्तिगत कहानी से आगे बढ़कर सार्वभौमिक सिद्धांत बन गई है जो आत्म-सुधार के पथ पर आगे बढ़ने के इच्छुक व्यक्तियों के साथ प्रतिध्वनित होती है। पुस्तक मानव आत्मा की शक्ति के लिए एक स्थायी वसीयतनामा के रूप में कार्य

करती है, जो स्वयं-सहायता और व्यक्तिगत विकास की यात्रा पर जाने वालों के लिए कालातीत मार्गदर्शन प्रदान करती है। यह आशा की किरण बनी हुई है, जो पीढ़ियों को आशावाद, दृढ़ता और व्यक्तिगत विकास के प्रति दृढ़ प्रतिबद्धता की परिवर्तनकारी शक्ति को अपनाने के लिए प्रेरित करती है।

बुकर टी. वाशिंगटन की 'सफलता के सिद्धांत':

बुकर टी. वाशिंगटन, ज्ञान और लचीलेपन के प्रतीक, शिक्षा के माध्यम से स्व-सहायता की अवधारणा में समाहित एक कालातीत सफलता सिद्धांत प्रदान करते हैं। उनकी अदम्य भावना और जीवन का कार्य व्यक्तिगत सफलता की कुंजी के रूप में सीखने और आत्म-सुधार की परिवर्तनकारी शक्ति की वकालत करता है।

वाशिंगटन का सिद्धांत इस सशक्त विचार के इर्द-गिर्द घूमता है कि शिक्षा व्यक्तिगत और सामूहिक प्रगति की आधारशिला है। वह व्यक्तियों को सामाजिक बाधाओं और पूर्वाग्रहों से ऊपर उठकर ज्ञान और कौशल हासिल करके खुद को सशक्त बनाने के लिए प्रोत्साहित करते हैं। आत्म-उत्थान के एक उपकरण के रूप में शिक्षा की शक्ति में उनका अटूट विश्वास पीढ़ियों तक गूंजता रहता है, जो इसे एक मौलिक सफलता सिद्धांत के रूप में चिह्नित करता है जो समय की कसौटी पर खरा उतरा है।

प्रतिकूल परिस्थितियों का सामना करते हुए, वाशिंगटन ने स्व-सहायता के दर्शन का समर्थन किया, इस धारणा को बढ़ावा दिया कि व्यक्ति शिक्षा और कड़ी मेहनत के माध्यम से खुद को ऊपर उठा सकते हैं। यह सिद्धांत न केवल व्यक्तिगत उन्नति के लिए एक रणनीति के रूप में, बल्कि लचीलेपन और आत्मनिर्णय की विरासत को बढ़ावा देते हुए, समाज में सकारात्मक योगदान देने के साधन के रूप में भी प्रतिबिंबित होता है। यह एक अनुस्मारक के रूप में कार्य करता है कि चुनौतियों का सामना करने में भी, व्यक्तियों में अपनी नियति को आकार देने की शक्ति होती है।

इसके अलावा, वाशिंगटन का सफलता सिद्धांत व्यावहारिक शिक्षा, कौशल और ज्ञान को वास्तविक दुनिया के अनुप्रयोगों के साथ संरेखित करने के महत्व को रेखांकित करता है। शैक्षणिक गतिविधियों और व्यावहारिक अनुभव के बीच संतुलन की वकालत करके, वह शिक्षा को एक गतिशील शक्ति के रूप में स्थापित करते हैं जो समृद्धि और आत्मनिर्भरता के द्वार खोलने में सक्षम है। शिक्षा के प्रति यह व्यावहारिक दृष्टिकोण यह सुनिश्चित करता है कि व्यक्ति न केवल अपने चुने हुए क्षेत्रों में सफल होने के लिए आवश्यक कौशल और ज्ञान प्राप्त करें बल्कि समाज में सार्थक योगदान भी दें।

बुकर टी. वाशिंगटन का अमूल्य सफलता सिद्धांत शिक्षा के माध्यम से स्व-सहायता पर केंद्रित है – एक स्थायी दर्शन जो व्यक्तियों को अपने भाग्य पर नियंत्रण हासिल करने, बाधाओं को दूर करने और समग्र रूप से स्वयं और समाज की बेहतरी के लिए सार्थक योगदान देने के लिए प्रोत्साहित करता है। शिक्षा की शक्ति में उनका अटूट विश्वास पीढ़ियों को प्रेरित करता है, व्यक्तियों को विपरीत परिस्थितियों की जंजीरों से मुक्त होने और अपने सपनों को पूरा करने के लिए सशक्त बनाता है।

उद्धरण:

"सफलता को उस स्थिति से नहीं मापा जाना चाहिए जो कोई व्यक्ति जीवन में पहुंचा है, बल्कि उन बाधाओं से मापी जानी चाहिए जिन पर उसने विजय प्राप्त की है।"

• वाशिंगटन इस विचार पर जोर देता है कि सच्ची सफलता केवल बाहरी उपलब्धियों या सामाजिक स्थिति के बजाय उन चुनौतियों से निर्धारित होती है जिन पर व्यक्ति ने विजय प्राप्त की है।

"मैंने सीखा है कि सफलता को उस स्थिति से नहीं मापा जाता है जो कोई व्यक्ति जीवन में पहुंचा है, बल्कि उन बाधाओं से मापता है जिन्हें सफल होने की कोशिश करते समय उसे पार करना पड़ा है।"

यह उद्धरण सफलता की राह में बाधाओं और चुनौतियों पर काबू पाने के महत्व में वाशिंगटन के विश्वास को दोहराता है।

"आप उपलब्धि के आकार को उन बाधाओं से मापते हैं जिन्हें आपको अपने लक्ष्यों तक पहुंचने के लिए पार करना पड़ा।"

इस उद्धरण में सफलता पर वाशिंगटन के दृष्टिकोण को एक बार फिर उजागर किया गया है, जिसमें इस बात पर जोर दिया गया है कि किसी उपलब्धि का महत्व उन कठिनाइयों और बाधाओं से मापा जाता है जिनका किसी ने सामना किया और उन पर विजय प्राप्त की।

बुकर टी. वाशिंगटन अफ्रीकी अमेरिकियों के लिए व्यावसायिक और औद्योगिक शिक्षा के एक प्रमुख समर्थक थे और उन्होंने ऐतिहासिक रूप से काले कॉलेजों और विश्वविद्यालयों के शुरुआती विकास में महत्वपूर्ण भूमिका निभाई। उनके दर्शन और नेतृत्व का 19वीं सदी के अंत और 20वीं सदी की शुरुआत में अफ्रीकी अमेरिकी समुदाय पर स्थायी प्रभाव पड़ा।

पी.ठी. बरनम

-14-

पी.टी. बरनम

पी.टी. एक आकर्षक लेखक और प्रवर्तक, बार्नम, अपने उल्लेखनीय काम से एक स्थायी प्रभाव छोड़ते हैं जो मनोरंजन से परे स्वयं-सहायता और व्यक्तिगत विकास तक जाता है। प्रदर्शन कौशल और दर्शकों को आकर्षित करने में अपनी महारत के लिए प्रसिद्ध, एक लेखक के रूप में बार्नम का लेखन गहराई तक जाता है, पाठकों को तमाशा से परे अंतर्दृष्टि प्रदान करता है।

बार्नम की उल्लेखनीय उपलब्धियाँ मनोरंजन तक सीमित नहीं हैं; वे पाठकों में सार्थक विकास की नींव के रूप में कार्य करते हैं। उनका काम मूल्यवान सबक का एक स्रोत बन जाता है, जो परिवर्तनकारी स्व-सहायता यात्रा पर लोगों का मार्गदर्शन करता है।

बार्नम के दर्शन का मूल उद्देश्य किसी की विशिष्ट प्रतिभा और कौशल का पोषण करना है। अपने मनोरंजन के अनुभवों से प्रेरणा लेते हुए, वह पाठकों को अपनी अनूठी शक्तियों को पहचानने और विकसित करने के लिए प्रोत्साहित करते हैं, जिससे आत्म-खोज और विकास संभव हो सके।

इसके अतिरिक्त, बार्नम का कार्य अनुकूलनशीलता और लचीलेपन पर जोर देता है। कठिनाइयों के बावजूद, वह प्रतिकूलता को अवसर में बदलने की वकालत करते हैं – व्यक्तिगत उन्नति के लिए महत्वपूर्ण मानसिकता का प्रदर्शन करते हुए। उनका लेखन जीवन के उतार-चढ़ावों से गुजरते समय आशावाद और दृढ़ संकल्प को प्रेरित करता है।

बरनम की विरासत बड़े शीर्ष तम्बू से आगे तक पहुँचती है – यह जीवन दक्षता हासिल करने वालों के लिए ज्ञान का भंडार बन जाती है। उनका काम याद दिलाता है कि व्यक्तिगत प्रगति एक निश्चित लक्ष्य नहीं है बल्कि एक विकासशील अभियान है, जहाँ विशिष्टता और लचीलापन को अपनाना महत्वपूर्ण घटक हैं।

पी.टी. बार्नम का साहित्यिक योगदान सार्थक स्व-सहायता और विकास के लिए प्रेरणा और मार्गदर्शन के स्रोत के रूप में प्रतिध्वनित होता है। उनका असाधारण कार्य प्रतिभा को पोषित करने, लचीलेपन को बनाए रखने और परिवर्तन के असाधारण रोमांच का आनंद लेने के स्थायी मूल्य की पुष्टि करता है।

पी.टी. के माध्यम द्वारा लिखित पुस्तक "The Art of Money Getting" के माध्यम से सफलता हासिल करना:

"द आर्ट ऑफ मनी गेटिंग" में प्रसिद्ध उद्यमी पी.टी. बार्नम स्थायी ज्ञान साझा करते हैं जो उनके युग से भी आगे तक पहुँचता है। यह ज्ञानवर्धक पाठ वित्तीय सफलता से आगे बढ़कर जीवन की कला में महारत हासिल करने के लिए एक मार्गदर्शक बन गया है। बरनम के शब्द सकारात्मक सोच की शक्ति से गूंजते हैं, पाठकों से अपने भाग्य को आकार देने के लिए मानसिक शक्ति का उपयोग करने का आग्रह करते हैं। वह उत्साहपूर्वक तर्क देते हैं कि एक सकारात्मक मानसिकता किसी भी जीत का आधार है, एक सिद्धांत जो समय के साथ गूंजता रहता है।

पन्ने लक्ष्य-निर्धारण के रहस्यों को उजागर करते हैं, उन्हें जीवन की अनिश्चित यात्रा को नेविगेट करने के लिए कम्पास के रूप में उजागर करते हैं। बार्नम सफलता की तलाश में उनके महत्व को रेखांकित करते हुए, प्राप्त करने योग्य लक्ष्य तैयार करने पर व्यावहारिक सलाह देते हैं। उनकी शिक्षाएँ एक दिशा निर्धारित करती हैं, जो व्यक्तियों को अनिर्णय के नुकसान से दूर उद्देश्यपूर्ण जीवन की ओर ले जाती हैं।

जैसे-जैसे हम गहराई में जाते हैं, बार्नम की गहराई स्पष्ट हो जाती है – अंतर्दृष्टि के बीज जो स्व-सहायता के विशाल जंगल में खिल गए। "द आर्ट ऑफ मनी गेटिंग" को रेखांकित करने वाली सकारात्मक सोच और लक्ष्य-निर्धारण के बुनियादी सिद्धांतों ने इसके बाद आने वाले अनगिनत सिद्धांतों के लिए आधार तैयार किया। आज भी, ये सीख दुनिया भर में लोगों को सशक्त बना रही है।

हम बरनम की गूंजती शिक्षाओं को प्रसारित करते हैं, पाठकों को सकारात्मकता और जानबूझकर लक्ष्य-निर्धारण की परिवर्तनकारी शक्ति को आत्मसात करने के लिए आमंत्रित करते हैं। "द आर्ट ऑफ मनी गेटिंग" एक अवशेष के रूप में नहीं बल्कि एक कालातीत मार्गदर्शक के रूप में विद्यमान है, जो धन से परे पूर्णता और स्थायी उपलब्धि की ओर एक मानसिकता को खोलता है।

पी.टी. के माध्यम से बरनम की 'सफलता के सिद्धांत'

पी.टी. के भीतर अंतर्निहित बार्नम की शिक्षाएँ महत्वाकांक्षी व्यक्तियों के लिए मार्ग प्रशस्त करते हुए सफलता के सिद्धांतों को उजागर करती हैं। उनकी बुद्धिमत्ता का मूल आशावाद की शक्ति में दृढ़ विश्वास है। बार्नम का दावा है कि सकारात्मक मानसिकता बनाए रखना न केवल बेहतर है बल्कि एक रणनीतिक विकल्प है जो किसी की वास्तविकता को बदल सकता है। सिद्धांत सीधा लेकिन गहरा है: विचार हमारे भाग्य का

निर्माण करते हैं। एक उत्साहित दृष्टिकोण विकसित करके, व्यक्ति जीवन की बाधाओं को शांति के साथ पार कर लेता है और सफलताओं को चुंबक की तरह आकर्षित कर लेता है।

बार्नम का सिद्धांत मात्र सकारात्मकता से आगे तक फैला हुआ है; यह जानबूझकर लक्ष्य-निर्धारण में निहित है। वह बिना किसी योजना के सपनों को क्षणभंगुर कल्पनाओं के रूप में पहचानता है। इस प्रकार, वह सावधानीपूर्वक स्पष्ट, व्यवहार्य लक्ष्य तैयार करने का आग्रह करता है – तूफानों के बीच प्रकाशस्तंभ, दिशा और उद्देश्य प्रदान करना। सिद्धांत लोगों से आकांक्षाओं को स्पष्ट रूप से परिभाषित करने और फिर उन्हें साकार करने की दिशा में अथक प्रयास करने के लिए कहता है।

अनुकूलनशीलता बार्नम के दर्शन का एक और स्तंभ है। वह परिवर्तन की अनिवार्यता को स्वीकार करते हैं और मानते हैं कि प्रतिकूल परिस्थितियों का सामना करने पर सफलता उन लोगों को मिलती है जो शालीनता से आगे बढ़ते हैं। बार्नम के विचार में, लचीलापन कोई समझौता नहीं है बल्कि जीवन के गतिशील नृत्य के बीच आगे रहने के लिए एक रणनीतिक रणनीति है।

पी.टी. बार्नम का सबसे मूल्यवान सफलता सिद्धांत सकारात्मक सोच, जानबूझकर लक्ष्य-निर्धारण और लचीली अनुकूलन क्षमता का समग्र संलयन है। यह उपलब्धि के लिए एक कालातीत नुस्खा है, जो सपने देखने का साहस करने वाले और महानता की ओर प्रयास करने वालों के लिए एक मार्गदर्शक मंत्र के रूप में "द आर्ट ऑफ मनी गेटिंग" से परे है।

उद्धरण:

"सबसे उत्कृष्ट कला दूसरों को खुश करना है।"

बरनम ने दूसरों के लिए खुशी और खुशी लाने के मूल्य में अपना विश्वास व्यक्त किया। यह उद्धरण मनोरंजन और कला के सकारात्मक प्रभाव पर उनके दृष्टिकोण को दर्शाता है।

"हर भीड़ में एक उम्मीद की किरण होती है।"

यह उद्धरण परिचित वाक्यांश "हर बादल में एक आशा की किरण होती है" पर आधारित है, जो बताता है कि मनोरंजन और दिखावटीपन के संदर्भ में, प्रत्येक सभा या दर्शक सफलता और सकारात्मकता का अवसर प्रस्तुत करता है।

"जीवन में सफलता का आधार अच्छा स्वास्थ्य है: यही आधारभूत भाग्य है; यही खुशी का आधार भी है। जब कोई व्यक्ति बीमार होता है तो वह अच्छी तरह से धन संचय नहीं कर पाता।"

बार्नम ने सफलता और खुशी के मूलभूत तत्व के रूप में अच्छे स्वास्थ्य के महत्व को पहचाना। यह उद्धरण भलाई और किसी के लक्ष्यों को आगे बढ़ाने की क्षमता के बीच संबंध को रेखांकित करता है।

पी.टी. बार्नम को बार्नम एंड बेली सर्कस की स्थापना और मनोरंजन के विभिन्न रूपों को बढ़ावा देने और विपणन करने में उनके कौशल के लिए जाना जाता है। मनोरंजन और शोमैनशिप की दुनिया में उनके योगदान ने एक स्थायी विरासत छोड़ी है।

विलियम वॉकर एटकिंसन

-15-

विलियम वॉकर एटकिंसन

स्व-सहायता और व्यक्तिगत विकास के क्षेत्र में विख्यात विलियम वॉकर एटकिंसन ने मानव क्षमता के परिदृश्य पर एक अमिट प्रभाव छोड़ा। 19वीं सदी के अंत और 20वीं सदी की शुरुआत में उनका असाधारण कार्य, व्यक्तिगत सशक्तिकरण का प्रयास करने वालों के लिए ज्ञान का स्रोत बना हुआ है।

एटकिंसन के महत्वपूर्ण योगदानों में से एक गूढ़ ज्ञान को सुलभ, व्यावहारिक सिद्धांतों में परिवर्तित करना था। योगी रामचरक जैसे छद्म नामों के तहत अक्सर लिखते हुए, उन्होंने आत्म-खोज और वास्तविकता के मार्ग पर प्रकाश डाला। एटकिंसन की शिक्षाओं ने रहस्यमय और व्यावहारिकता को जोड़ा, पाठकों को परिवर्तन की दिशा में कार्रवाई योग्य कदमों के साथ गहन अंतर्दृष्टि प्रदान की।

एक उल्लेखनीय उपलब्धि किसी की वास्तविकता को आकार देने में मन की शक्ति पर जोर देना था। एटकिंसन ने सकारात्मक मनोविज्ञान की आधारशिला रखते हुए, व्यक्तिगत परिस्थितियों पर विचारों के प्रभाव को पहचाना। उनके काम ने पाठकों से मानसिक क्षमताओं का रचनात्मक उपयोग करने, भीतर छिपी क्षमता को उजागर करने का आग्रह किया।

इसके अलावा, एटकिंसन के लेखन ने आकर्षण के नियम को समझने के लिए आधार तैयार किया – यह धारणा कि हमारे विचार और भावनाएं ब्रह्मांड की प्रतिक्रिया को आकार देती हैं, जो प्रकट परिणामों में सकारात्मकता के महत्व को रेखांकित करती हैं।

स्व-सहायता साहित्य की विशाल टेपेस्ट्री में, एटकिंसन की विरासत पाठक परिवर्तन के उत्प्रेरक के रूप में कायम है। प्राचीन ज्ञान को समसामयिक अनुगूंज के साथ संश्लेषित करके व्यक्तिगत विकास की जटिल

यात्रा पर जाने वालों के लिए एक रोडमैप तैयार किया गया। उनके काम का प्रभाव अनगिनत व्यक्तियों में स्पष्ट है जो उनके सिद्धांतों को लागू करके महत्वपूर्ण मानसिकता और ठोस विकास का अनुभव कर रहे हैं।

विलियम वॉकर एटकिंसन एक ऐसे अग्रणी के रूप में खड़े हैं जिनका योगदान समय से परे है। उनके उल्लेखनीय कार्य ने न केवल स्व-सहायता और व्यक्तिगत विकास को समृद्ध किया, बल्कि आत्म-खोज और सशक्तिकरण की शुरुआत करने वालों के लिए प्रेरणा का स्रोत बना हुआ है।

विलियम वॉकर एटकिंसन द्वारा लिखित पुस्तक "Thought Vibration or the Law of Attraction in the Thought World" के माध्यम से सफलता प्राप्त करना:

"थॉट वाइब्रेशन और द लौ ऑफ़ अट्रैक्शन इन द थॉट वर्ल्ड" के साहित्यिक हॉल के भीतर, विलियम वॉकर एटकिंसन मन के क्षेत्र और वास्तविकता पर इसके प्रभाव की एक मनोरम खोज को उजागर करते हैं। 20वीं सदी के अंत में प्रकाशित, यह कालजयी कृति विचारों की शक्ति को समझने और उसका दोहन करने के लिए एक दिशा सूचक यंत्र के रूप में कार्य करती है।

इस अंतर्दृष्टिपूर्ण खंड में, एटकिंसन विचारों और ब्रह्मांड के बीच जटिल परस्पर क्रिया पर प्रकाश डालते हैं, जो बाद में "आकर्षण के नियम" की अवधारणा के लिए आधार तैयार करता है। यह पुस्तक किसी की वास्तविकता को आकार देने के लिए जानबूझकर विचार तरंगों को निर्देशित करने में एक मास्टरक्लास है। जबकि एटकिंसन का गद्य युगों से परे एक सार्वभौमिक सत्य के साथ प्रतिध्वनित होता है – जीवन के प्रकट टेपेस्ट्री पर विचारों का गहरा प्रभाव।

एटकिंसन की शिक्षाओं का केंद्र सकारात्मक सोच है, एक ऐसी धारणा जो बाद के स्व-सहायता साहित्य में मूलभूत बन जाएगी। वह बताते हैं कि एक उत्साहित मानसिक दृष्टिकोण विकसित करना न केवल वांछनीय है, बल्कि नकारात्मकता को दूर करते हुए सकारात्मक परिस्थितियों में एक गतिशील शक्ति का निर्माण करना है। "विचार कंपन" जानबूझकर जीवन जीने के लिए एक मैनुअल बन जाता है, जो पाठकों को विचार-दुनिया को उद्देश्यपूर्ण ढंग से नेविगेट करने के लिए मार्गदर्शन करता है।

एटकिंसन की खोज लक्ष्य-निर्धारण तक फैली हुई है – एक विषय जो सकारात्मकता की शक्ति के साथ सहजता से जुड़ा हुआ है। वह मानसिक इच्छाओं को मूर्त वास्तविकताओं में बदलने, आकांक्षाओं को प्राप्त करने में केंद्रित विचार और अटूट विश्वास की भूमिका को रेखांकित करता है। यह पुस्तक न केवल सफलता बल्कि विचार और अभिव्यक्ति की जटिल परस्पर क्रिया की गहरी समझ चाहने वालों के लिए पाठ्यक्रम का चार्ट बनाती है।

हम पाठकों को आत्म-खोज और सशक्तिकरण की यात्रा पर आमंत्रित करते हुए, एटकिंसन की गूंजती शिक्षाओं का प्रसार करते हैं। "विचार कंपन" एक प्रकाशस्तंभ के रूप में चमकता है, जो विचारशील विचारों, सकारात्मक कंपन और परिवर्तनकारी सिद्धांतों द्वारा आकार दिए गए जीवन के मार्ग को रोशन करता है जो स्व-सहायता साहित्य के माध्यम से गूंजते रहते हैं।

विलियम वॉकर एटकिंसन के 'सफलता के सिद्धांत':

विलियम वॉकर एटकिंसन की गहन शिक्षाओं के मूल में एक कालातीत सफलता सिद्धांत निहित है – जो युगों की सीमाओं को पार करता है और व्यक्तियों की पूर्ति के लिए सार्वभौमिक खोज के साथ प्रतिध्वनित होता है। एक स्व-सहायता और तत्वमीमांसा अग्रणी, एटकिंसन ने रचनात्मक सोच की परिवर्तनकारी शक्ति को उत्साहपूर्वक बढ़ावा दिया।

उनका सबसे मूल्यवान सिद्धांत विचार के माध्यम से सचेतन रूप से सृजन करना है। एटकिंसन के विचार मन को न केवल निष्क्रिय बल्कि एक सक्रिय शक्ति के रूप में प्रस्तुत करते हैं जो किसी की वास्तविकता को आकार देता है। वह एक सकारात्मक मानसिक दृष्टिकोण विकसित करने पर जोर देते हैं, बहस करने वाले विचार विशाल सार्वभौमिक महासागर में लहरें भेजते हैं, जो उभरती परिस्थितियों को प्रभावित करते हैं।

एटकिंसन का सिद्धांत इस बात पर जोर देता है कि सफलता केवल बाहरी नहीं है बल्कि आंतरिक विचार और विश्वास परिदृश्य को दर्शाती है। वह जानबूझकर विचारों को सकारात्मक, रचनात्मक लक्ष्यों की ओर निर्देशित करके व्यक्तियों को भाग्य निर्माता बनने के लिए प्रोत्साहित करते हैं। यह सिद्धांत जटिलताओं से निपटने के लिए एक मार्गदर्शक प्रकाश बन जाता है, जो लोगों से आकांक्षा-संरेखित वास्तविकताओं को मूर्त रूप देने के लिए अंतर्निहित मानसिक शक्ति का उपयोग करने का आग्रह करता है।

इसके अलावा, एटकिंसन का सिद्धांत सकारात्मकता से आगे बढ़कर जानबूझकर, केंद्रित लक्ष्य-निर्धारण को शामिल करता है। वह उद्देश्यों को स्पष्ट रूप से परिभाषित करते हैं और उनकी प्राप्ति में दृढ़ विश्वास बनाए रखते हैं। आशावाद और उद्देश्यपूर्ण लक्ष्यों की यह जोड़ी तालमेल बनाती है जो वास्तविकता को आगे बढ़ाती है।

विलियम वॉकर एटकिंसन का सबसे मूल्यवान सफलता का आदर्श वाक्य इस धारणा को समाहित करता है कि उपलब्धि विचारशील इरादे और जानबूझकर की गई कार्रवाई से उत्पन्न होती है। यह हमारे मन के भीतर परिवर्तनकारी क्षमता को पहचानने, विचारों को उद्देश्यपूर्ण, प्रचुर और पूर्ण जीवन को ढालने के लिए उपकरण के रूप में उपयोग करने के लिए आमंत्रित करता है। उनकी शिक्षाओं में अंतर्निहित यह सिद्धांत व्यक्तिगत और व्यावसायिक सफलता की यात्रा करने वालों के लिए एक कालातीत प्रकाशस्तंभ बना हुआ है।

उद्धरण:

"आकर्षण का नियम प्रेम का नियम है, और यह वह कानून है जिसके द्वारा प्राकृतिक एजेंसियों के माध्यम से सुधार किया जाता है। जैसा एक आदमी अपने दिल में सोचता है, वैसा ही वह है।"

एटकिंसन का उद्धरण न्यू थॉट दर्शन को दर्शाता है, जो सकारात्मक सोच की शक्ति और इस विचार पर जोर देता है कि विचार किसी की वास्तविकता को आकार देते हैं।

"याद रखें, जीवन में ऊंचे लक्ष्य रखने, प्रचुरता और समृद्धि की मांग करने के लिए दुख और गरीबी को स्वीकार करने से अधिक प्रयास की आवश्यकता नहीं है।"

यह उद्धरण व्यक्तियों को अपने लिए उच्च आकांक्षाएं निर्धारित करने के लिए प्रोत्साहित करता है, यह सुझाव देता है कि कम वांछनीय स्थिति को स्वीकार करने की तुलना में सफलता के लिए प्रयास करने में अधिक प्रयास नहीं करना पड़ता है।

"मन, हमेशा इच्छुक सेवक, साहस का जवाब देगा, साहस के लिए, वास्तव में, मानसिक संसाधनों को वितरित करने का एक आदेश है।"

एटकिंसन मन की शक्ति का उपयोग करने में आत्मविश्वास और दृढ़ता की भूमिका पर प्रकाश डालते हैं। यह उद्धरण बताता है कि एक साहसी और मुखर मानसिकता से मानसिक संसाधनों को जुटाया जा सकता है।

विलियम वॉकर एटकिंसन का लेखन अक्सर मानसिकता के सिद्धांतों, विचार की शक्ति और इस विचार पर केंद्रित होता है कि व्यक्ति अपने मानसिक दृष्टिकोण और विश्वासों के माध्यम से अपने भाग्य को आकार दे सकते हैं।

एंड्रयू कार्नेगी

-16-

एंड्रयू कार्नेगी

गिल्डेड एज के दौरान औद्योगिक टाइटन एंड्रयू कार्नेगी ने न केवल स्टील पर बल्कि स्वयं सहायता और व्यक्तिगत विकास पर अमिट प्रभाव छोड़ा। उनका उल्लेखनीय कार्य मशीनरी और भट्टियों से परे मानव मानस तक पहुंचता है – जहाँ कार्नेगी की अंतर्दृष्टि सशक्तिकरण को बढ़ावा देती रहती है।

कार्नेगी का सबसे प्रसिद्ध स्व-सहायता योगदान शायद "द गॉस्पेल ऑफ वेल्थ" है, जो भाग्य और नैतिक दायित्व पर उनके दर्शन को समाहित करता है। इस मौलिक निबंध में, उन्होंने अमीरों को समाज के लाभ के लिए संपत्ति का उपयोग करने का प्रस्ताव देकर सम्मेलनों को चुनौती दी है। परोपकार और जिम्मेदारी में निहित इस सिद्धांत ने एक व्यापक सफलता की अवधारणा के लिए आधार तैयार किया – जिसमें व्यक्तिगत संपत्ति से आगे बढ़कर दूसरों की भलाई में सुधार करना शामिल है।

इसके अलावा, कार्नेगी की स्व-सहायता विरासत उनकी सफलता के सिद्धांतों के साथ जटिल रूप से जुड़ी हुई है। वह निरंतर आत्म-सुधार और कौशल निर्माण में विश्वास करते थे। उनका प्रसिद्ध वाक्यांश "जो आदमी अमीर मरता है वह अपमानित होकर मरता है" न केवल निष्क्रिय समृद्धि के प्रति तिरस्कार को दर्शाता है बल्कि व्यक्तिगत विकास और सामाजिक बेहतरी के समर्थन को भी दर्शाता है।

कार्नेगी की दरिद्र आप्रवासी से धन तक की यात्रा उनके सिद्धांतों का उदाहरण है। उनकी सम्मोहक कथा व्यक्तियों के भीतर स्व-सहायता और विकास क्षमता को दर्शाती है।

एंड्रयू कार्नेगी की उल्लेखनीय उपलब्धियाँ उद्योग जगत से परे हैं। उनकी स्व-सहायता विरासत नैतिक रूप से धन संचय करने और इसे मानवता को आगे बढ़ाने के लिए एक मार्गदर्शक के रूप में कार्य करती है।

कार्नेगी का दर्शन इस बात पर जोर देता है कि सच्ची सफलता सकारात्मक सामाजिक प्रभाव को मापती है – व्यक्तिगत और सामूहिक विकास को प्रेरित करने वाला एक मूल्यवान सबक।

एंड्रयू कार्नेगी द्वारा लिखित पुस्तक "The Gospel of Wealth" के माध्यम से सफलता प्राप्त करना:

"द गॉस्पेल ऑफ वेल्थ" के स्थायी पृष्ठों के भीतर, एंड्रयू कार्नेगी ने उद्देश्यपूर्ण, जिम्मेदार जीवन की दिशा में गहन मार्गदर्शन प्रदान करने के लिए धन संचय से परे एक घोषणापत्र लिखा है। 1889 में प्रकाशित, यह मौलिक कार्य केवल धन संचय पर एक ग्रंथ नहीं है; यह स्व-सहायता साहित्य गलियारों में गूंजने वाली एक दार्शनिक आधारशिला है।

इस प्रबुद्ध खंड में, कार्नेगी ने जिम्मेदार पूंजीवाद की शुरुआत करके प्रचलित धन संबंधी धारणाओं को चुनौती दी है। उनका तर्क है कि समाज के व्यापक कल्याण के लिए धन का उपयोग करना समृद्ध लोगों का नैतिक दायित्व है। यह मूलभूत परोपकारी लोकाचार आधुनिक सफलता की अवधारणा का अग्रदूत बन जाता है – एक विकसित कथा जो व्यक्तिगत लाभ से परे किसी के व्यापक विश्व प्रभाव की ओर पहुंचती है।

कार्नेगी के सिद्धांतों के केंद्र में सकारात्मक सोच की परिवर्तनकारी शक्ति में विश्वास निहित है। हालाँकि यह शब्द स्पष्ट नहीं हो सकता है, अंतर्निहित दर्शन धन को साध्य के रूप में नहीं बल्कि दूसरों की भलाई में योगदान करने के साधन के रूप में देखने वाली मानसिकता विकसित करने की वकालत करता है। कार्नेगी का सुसमाचार एक रचनात्मक परिप्रेक्ष्य अपनाने का आह्वान बन जाता है – जहाँ समृद्धि केवल वित्तीय मैट्रिक्स से नहीं बल्कि लोगों के जीवन पर सकारात्मक प्रभाव से मापी जाती है।

इसके अलावा, पुस्तक जानबूझकर लक्ष्य-निर्धारण के आयात को सूक्ष्मता से बुनती है क्योंकि कार्नेगी उद्देश्य के साथ संपत्ति को संरेखित करने के लिए पाठ्यक्रम को चार्ट करता है। वह निरंतर आत्म-सुधार और ज्ञान की खोज का समर्थन करते हैं, इस बात पर जोर देते हैं कि सफलता स्थिर नहीं है बल्कि एक गतिशील विकास और योगदान यात्रा है।

हम "द गॉस्पेल ऑफ वेल्थ" के सार को उजागर करते हैं, पाठकों को सकारात्मक सोच और उद्देश्य-संचालित लक्ष्यों की परिवर्तनकारी शक्ति का पता लगाने के लिए आमंत्रित करते हैं। यद्यपि कार्नेगी के सिद्धांत 1800 के दशक के उत्तरार्ध में निहित थे, व्यक्तिगत विकास के जटिल क्षेत्र का मार्गदर्शन करने के लिए कार्नेगी के सिद्धांत शाश्वत रूप से प्रतिध्वनित होते हैं। सुसमाचार गूँजता है, व्यक्तियों से अपने धन का उपयोग करने का आग्रह करता है, चाहे वह भौतिक हो या बौद्धिक, मानवता को बेहतर बनाने वाली शक्ति के रूप में।

एंड्रयू कार्नेगी की सफलता के सिद्धांत:

एंड्रयू कार्नेगी के दर्शन के केंद्र में केवल धन संचय से परे एक सिद्धांत निहित है – जिम्मेदार प्रबंधन की गहन अवधारणा। कार्नेगी का सबसे मूल्यवान सफलता सिद्धांत, जिसे "द गॉस्पेल ऑफ वेल्थ" में व्यक्त किया गया है, वह यह है कि महान समृद्धि सकारात्मक योगदान देने की और भी अधिक जिम्मेदारी निभाती है।

कार्नेगी ने अंत के रूप में भाग्य संचय करने की धारणा को चुनौती दी, इसके बजाय यह प्रस्ताव दिया कि समृद्ध लोग ट्रस्टी हैं जो अधिक अच्छे के लिए संपत्ति का उपयोग करने के लिए बाध्य हैं। यह जिम्मेदार पूंजीवाद सिद्धांत धन को व्यक्तिगत कब्जे के रूप में नहीं बल्कि सामाजिक सुधार उपकरण के रूप में उपयोग करने की परिवर्तनकारी क्षमता को रेखांकित करता है। कार्नेगी की दृष्टि सफलता को समग्र रूप से देखने के लिए आमंत्रित करती है, जहाँ वित्तीय समृद्धि एक महान लक्ष्य का साधन बन जाती है।

इसके अलावा, कार्नेगी का सिद्धांत व्यक्तिगत उपलब्धियों को व्यापक उद्देश्य के साथ जोड़ने की वकालत करता है। वह एक सकारात्मक मानसिकता अपनाने को प्रोत्साहित करते हैं, यह पहचानते हुए कि धन और सफलता गैर-शून्य-राशि लाभ की अनुमति देती है – सकारात्मक सोच स्वयं और सामूहिक कल्याण दोनों को लाभ पहुंचाने वाली उपलब्धियों को आगे बढ़ाती है।

कार्नेगी के आदर्श वाक्य का सार परोपकार से परे है – यह जानबूझकर जीवन जीने और निरंतर आत्म-सुधार का आह्वान बन जाता है। ज्ञान और व्यक्तिगत विकास की खोज सफलता की यात्रा का मार्गदर्शन करने वाले कम्पास के रूप में कार्य करती है। विनम्र आप्रवासी से टाइटन तक कार्नेगी की स्वयं की चढ़ाई इस सिद्धांत का उदाहरण देती है – सीखने और विकास के प्रति उनकी प्रतिबद्धता पथ को चिह्नित करती है।

कार्नेगी का सबसे मूल्यवान सफलता सिद्धांत विजय को अलग-थलग नहीं बल्कि अत्यधिक प्रभावशाली देखने के लिए आमंत्रित करता है। जिम्मेदार प्रबंधन को अपनाकर, सकारात्मकता विकसित करके और उच्च उद्देश्य के साथ जुड़कर, व्यक्ति व्यक्तिगत समृद्धि से परे सकारात्मक विश्व प्रभाव की विरासत बना सकते हैं। कार्नेगी का आदर्श वाक्य एक कालातीत प्रकाशस्तंभ बना हुआ है, जो प्रेरक प्रयास है जो एक स्थायी मानव टेपेस्ट्री छाप छोड़ने के लिए स्वयं से परे तक फैला हुआ है।

उद्धरण:

"जो आदमी धनवान होकर मरता है, वह अपमानित होकर मरता है।"

कार्नेगी परोपकार और समाज को वापस देने के महत्व में विश्वास करते थे। यह उद्धरण बताता है कि दूसरों की भलाई के लिए उपयोग किए बिना धन संचय करना एक अपमानजनक परिणाम है।

"जो लोग खुद को प्रेरित करने में असमर्थ हैं उन्हें सामान्यता से संतुष्ट रहना चाहिए, चाहे उनकी अन्य प्रतिभाएं कितनी भी प्रभावशाली क्यों न हों।"

कार्नेगी सफलता प्राप्त करने में आत्म-प्रेरणा के महत्व पर जोर देते हैं। यह उद्धरण बताता है कि खुद को आगे बढ़ाने की इच्छा के बिना, असाधारण प्रतिभाएं भी औसत परिणाम दे सकती हैं।

"अपना कर्तव्य और थोड़ा और अधिक निभाओ, और भविष्य अपना ख्याल खुद रख लेगा।"

कार्नेगी ने कर्तव्य और जिम्मेदारी की मजबूत भावना की वकालत की। यह उद्धरण बताता है कि अपने दायित्वों को पूरा करके और उससे आगे बढ़कर, व्यक्ति सकारात्मक और सफल भविष्य में योगदान दे सकते हैं।

एंड्रयू कार्नेगी की विरासत उनकी व्यावसायिक सफलता से कहीं आगे तक फैली हुई है; वह संभवतः पुस्तकालयों, शिक्षा और विभिन्न सांस्कृतिक संस्थानों के वित्तपोषण सहित अपने परोपकारी प्रयासों के लिए भी समान रूप से प्रसिद्ध हैं। वापस देने की उनकी प्रतिबद्धता का समाज पर स्थायी प्रभाव पड़ा है।

चार्ल्स एफ. हानेल

-17-

चार्ल्स एफ. हानेल

स्वयं-सहायता और व्यक्तिगत विकास के अग्रणी, चार्ल्स एफ. हानेल ने अपने मौलिक कार्य "द मास्टर की सिस्टम" से परिवर्तनकारी साहित्य के इतिहास में अपना नाम दर्ज कराया। 20वीं सदी की शुरुआत में प्रकाशित, हानेल का व्यक्तिगत विकास में स्थायी और गहरा योगदान अमिट है।

हैनेल के दर्शन के मूल में किसी के भाग्य को आकार देने की मन की शक्ति में विश्वास निहित है। "द मास्टर की सिस्टम" व्यक्तियों की गुप्त क्षमता को अनलॉक करने और आत्म-खोज के मार्ग को उजागर करने के लिए एक मार्गदर्शक के रूप में कार्य करता है। हानेल का काम केवल प्रेरक उपाख्यान नहीं है; यह विचार, चेतना और वांछित परिणामों को प्रकट करने के बीच जटिल संबंध को समझने के लिए एक व्यवस्थित दृष्टिकोण है।

हनेल की एक उल्लेखनीय उपलब्धि आकर्षण के नियम पर जोर देना है – एक अवधारणा जिसे बाद के दशकों में व्यापक मान्यता मिली। वह जीवन की उभरती परिस्थितियों को प्रभावित करने के लिए ब्रह्मांड की ऊर्जा के साथ प्रतिध्वनित होने वाली कंपन आवृत्तियों के रूप में विचारों के विचार की खोज करता है। व्यक्तिगत और व्यावसायिक सफलता की दिशा में इस कानून का उपयोग करने के लिए हैनेल की शिक्षाएँ मौलिक बन गईं।

इसके अलावा, हैनेल का काम व्यावहारिक लक्ष्य निर्धारण और उपलब्धि तक फैला हुआ है। वह पाठकों को उद्देश्यों को परिभाषित करने और साकार करने, स्पष्टता, फोकस और लगातार प्रयास के महत्व पर जोर देने के लिए एक व्यवस्थित पद्धति प्रदान करता है। हालाँकि उनकी जड़ें 1900 के दशक की शुरुआत में

थीं, लेकिन उनके सिद्धांतों ने स्व-सहायता के भीतर समकालीन लक्ष्य-निर्धारण दृष्टिकोण के लिए आधार तैयार किया।

चार्ल्स एफ. हैनेल का उल्लेखनीय कार्य मन की परिवर्तनकारी शक्ति को प्रदर्शित करता है। आकर्षण कानूनों और लक्ष्य-निर्धारण को शामिल करते हुए उनके व्यवस्थित ढांचे ने एक मूल्यवान आत्म-खोज रोडमैप प्रदान किया है। हैनेल की स्थायी विरासत प्रेरणा का स्रोत बनी हुई है, जो महत्वपूर्ण विकास और पूर्ति चाहने वालों को कालातीत ज्ञान प्रदान करती है।

चार्ल्स एफ. हैनेल द्वारा लिखित पुस्तक "The Master Key System" के माध्यम से सफलता प्राप्त करना

"द मास्टर की सिस्टम" के अंतर्गत, चार्ल्स एफ. हैनेल ने 20वीं सदी के शुरुआती प्रकाशन के बाद से स्व-सहायता साहित्य के माध्यम से प्रतिध्वनित होने वाले एक परिवर्तनकारी व्यक्तिगत विकास खाका का अनावरण किया। यह अभूतपूर्व कार्य न केवल दिमाग की पेचीदगियों को उजागर करता है, बल्कि पीढ़ियों के लिए स्व-सहायता परिदृश्य को आकार देने वाली सकारात्मक सोच और लक्ष्य-निर्धारण सिद्धांतों के लिए एक मूलभूत पाठ के रूप में कार्य करता है।

हैनेल का मास्टरस्ट्रोक सकारात्मक सोच की शक्ति की खोज करना है – एक ऐसा विचार जो मात्र आशावाद से परे जागरूक सृजन के दायरे में जाता है। उनका तर्क है कि विचारों में जीवन की परिस्थितियों को प्रभावित करने के लिए ब्रह्मांड की ऊर्जा के साथ प्रतिध्वनित होने वाली कंपन आवृत्तियाँ होती हैं। "द मास्टर की सिस्टम" विचारों की रचनात्मक शक्ति का उपयोग करने के लिए एक मैनुअल बन जाता है, जो सकारात्मक मानसिक दृष्टिकोण के गहरे प्रभाव को बनाए रखने पर जोर देता है।

आकर्षण सिद्धांत का नियम अंतर्निहित है – एक अवधारणा जो बाद के स्व-सहायता कार्यों में मुख्यधारा की मान्यता प्राप्त कर रही है। हानेल ने समान को आकर्षित करने की धारणा का परिचय दिया, पाठकों से सकारात्मक परिणामों को आकर्षित करने के लिए विचारों को इच्छाओं के साथ संरेखित करने का आग्रह किया। हानेल की पुस्तक में सटीक रूप से व्यक्त किया गया, यह चेतना और अभिव्यक्ति के बीच की गतिशीलता की खोज के लिए आधारशिला बन गया।

इसके अलावा, हैनेल एक व्यवस्थित लक्ष्य-निर्धारण और उपलब्धि दृष्टिकोण प्रदान करता है, जिसमें अटूट फोकस और लगातार प्रयास के साथ उद्देश्यों को स्पष्ट रूप से परिभाषित करने पर जोर दिया जाता है। हालाँकि, इन सिद्धांतों को 1900 के दशक की शुरुआत में व्यक्त किया गया था, लेकिन इसने समकालीन लक्ष्य-निर्धारण पद्धतियों और समय प्रबंधन तकनीकों के लिए आधार तैयार किया।

इस सारांश में, हम "द द मास्टर की सिस्टम" में अंतर्निहित सकारात्मक सोच और लक्ष्य-निर्धारण के गहन सिद्धांतों का पता लगाने के लिए पाठकों को आमंत्रित करने के लिए हैनेल की गूंजती शिक्षाओं को प्रसारित करते हैं। कालातीत ज्ञान के साथ, यह पुस्तक आत्म-खोज यात्रा पर निकले लोगों के लिए एक

मार्गदर्शक प्रकाश के रूप में कार्य करती है, जो लगातार स्व-सहायता शैली को आकार देने वाली परिवर्तनकारी अंतर्दृष्टि प्रदान करती है।

चार्ल्स एफ. हैनेल की 'सफलता के सिद्धांत':

"द मास्टर की सिस्टम" की परिवर्तनकारी शिक्षाओं का सार चार्ल्स एफ. हैनेल का प्रतिध्वनित सफलता सिद्धांत है – जो समय की सीमाओं को पार कर पूर्ति चाहने वालों का मार्गदर्शन करता है। हैनेल की सबसे गहन अंतर्दृष्टि विचार की रचनात्मक शक्ति को पहचानती है।

हैनेल का तर्क है कि विचार क्षणभंगुर नहीं हैं बल्कि गतिशील शक्तियां हैं जो वास्तविकता के ताने-बाने को आकार देती हैं। यह सिद्धांत प्रत्येक मन के भीतर परिवर्तनकारी क्षमता को रेखांकित करता है – विचारों को वांछित परिणामों की ओर सचेत रूप से निर्देशित करने की क्षमता। सिद्धांत का मूल मन को एक शक्तिशाली उपकरण के रूप में समझता है; सकारात्मक सोच में महारत हासिल करके व्यक्ति सफलता के द्वार खोल सकते हैं।

यह सिद्धांत सकारात्मकता की पुष्टि से कहीं अधिक गहराई से जानबूझकर वास्तविकता के निर्माण में उतरता है। हानेल पाठकों को विचारों और परिस्थितियों के कारण संबंधों को पहचानने और सकारात्मकता विकसित करके और वांछित परिणामों के साथ संरेखित करके भाग्य के वास्तुकार बनने के लिए आमंत्रित करता है।

इसके अलावा, हैनेल का आदर्श वाक्य आकर्षण के नियम के साथ प्रतिध्वनित होता है – बाद में स्व-सहायता प्रमुखता प्राप्त करना। वह यह समझने को प्रोत्साहित करते हैं कि विचार ऊर्जा आकांक्षाओं को प्रकट करने के लिए समान सार्वभौमिक ऊर्जाओं को आकर्षित करती है। इसे अपनाकर कोई भी व्यक्ति लक्ष्यों को प्राप्त करने के लिए ताकत का इस्तेमाल कर सकता है।

चार्ल्स एफ. हैनेल का सबसे मूल्यवान सफलता सिद्धांत मन की शक्तिशाली रचनात्मक क्षमता को पहचानता है। सकारात्मक सोच की शक्ति और विचारों और वास्तविकता के बीच की गतिशीलता को अपनाकर, व्यक्ति जानबूझकर, उद्देश्यपूर्ण यात्राएं शुरू कर सकते हैं। हैनेल की स्थायी विरासत एक कालातीत अनुस्मारक बनी हुई है कि सफलता केवल बाहरी कार्यों से नहीं बल्कि जानबूझकर पोषित मानसिक पैटर्न से आती है।

उद्धरण:

"बाहर की दुनिया भीतर की दुनिया का प्रतिबिंब है। जो बाहर दिखता है वही भीतर पाया गया है।"

हैनेल का उद्धरण इस विचार पर जोर देता है कि बाहरी परिस्थितियाँ किसी के आंतरिक विचारों और विश्वासों का प्रतिबिंब होती हैं। यह इस अवधारणा के अनुरूप है कि हमारी मानसिकता और चेतना हमारे अनुभवों को आकार देती है।

"केवल एक चीज जो हमें बांध सकती है वह है विश्वास का नियम।"

हानेल हमारी वास्तविकता को आकार देने में विश्वास की शक्ति पर प्रकाश डालता है। इस उद्धरण के अनुसार, हमारी मान्यताओं में हमारे द्वारा अनुभव किए जाने वाले परिणामों को प्रभावित करते हुए हमें सीमित या सशक्त बनाने की क्षमता है।

"सभी संपत्तियां मन की संचयी प्रवृत्ति या धन चेतना का परिणाम है; यह जादू की छड़ी है जो आपको विचार प्राप्त करने में सक्षम बनाएगी, और यह आपके कार्यान्वयन के लिए योजनाएं तैयार करेगी।"

यह उद्धरण सफलता प्राप्त करने और संपत्ति प्राप्त करने में सकारात्मक और प्रचुरता-केंद्रित मानसिकता के महत्व को रेखांकित करता है। हैनेल का सुझाव है कि धन के प्रति जागरूक मानसिकता समृद्धि को आकर्षित करने में एक महत्वपूर्ण कारक है।

चार्ल्स एफ. हैनेल का सबसे प्रसिद्ध काम "द मास्टर की सिस्टम" है, जो एक व्यक्तिगत विकास पुस्तक है जिसने स्व-सहायता और नए विचार आंदोलनों में कई लोगों को प्रभावित किया है। उनकी शिक्षाएँ अक्सर मन की शक्ति, दृश्यता और आकर्षण के नियम के इर्द-गिर्द घूमती हैं।

जॉर्ज एस क्लैसन

-18-

जॉर्ज एस क्लैसन

जॉर्ज एस. क्लासन, एक व्यक्तिगत वित्त और स्व-सहायता अग्रणी, ने अपने मौलिक कार्य "द रिचेस्ट मैन इन बेबीलोन" के साथ एक स्थायी विरासत बनाई। 1926 में प्रकाशित, क्लैसन के अंतर्दृष्टिपूर्ण दृष्टांत वित्तीय ज्ञान और गहन आत्म-विकास अंतर्दृष्टि के लिए एक कालातीत मार्गदर्शक बन गए हैं।

क्लासन की उपलब्धि प्राचीन धन सिद्धांतों को प्राचीन बेबीलोन की कहानियों में उलझाने में निहित है। बुद्धिमान और समृद्ध लोगों की कहानियों के माध्यम से, वह स्थायी वित्तीय सफलता के मूल सिद्धांत प्रदान करते हैं। प्रत्येक कथा न केवल धन-निर्माण यांत्रिकी बल्कि गहन आत्म-अनुशासन, अखंडता और सचेत निर्णय लेने का पता लगाने के लिए एक माध्यम के रूप में कार्य करती है।

"बेबीलोन का सबसे अमीर आदमी" अपनी सादगी और प्रयोज्यता के लिए जाना जाता है। क्लैसन सीधी, अंतर-पीढ़ीगत सलाह देकर वित्तीय जटिलता से परे जाता है। उनकी उपलब्धि व्यक्तिगत विकास के साथ वित्त को सहजता से एकीकृत करते हुए एक साहित्यिक उत्कृष्ट कृति तैयार करना है।

क्लैसन का काम व्यक्तिगत जिम्मेदारी और अनुशासित वित्तीय आदतों की परिवर्तनकारी क्षमता पर जोर देता है। उल्लिखित सिद्धांत धन प्रबंधन से परे मूलभूत आत्म-सुधार स्तंभों के रूप में विस्तारित होते हैं। समृद्धि का मार्ग, जैसा कि क्लैसन ने बताया था, सचेतन आत्म-खोज की यात्रा के साथ जुड़ा हुआ है।

जॉर्ज एस. क्लैसन का उल्लेखनीय कार्य पारंपरिक वित्त साहित्य से भी आगे तक पहुँचता है। "बेबीलोन का सबसे अमीर आदमी" न केवल वित्तीय सफलता बल्कि व्यक्तिगत विकास और स्वयं सहायता के रास्ते भी उजागर करता है। क्लैसन का कालातीत ज्ञान समृद्ध, पूर्ण विकास को मार्गदर्शन और प्रेरणा देता रहता है।

जॉर्ज एस. क्लैसन की "द रिचेस्ट मैन इन बेबीलोन" के माध्यम से सफलता प्राप्त करना:

प्राचीन बेबीलोन में, जॉर्ज एस. क्लैसन ने स्थायी वित्तीय ज्ञान को "बेबीलोन का सबसे अमीर आदमी" में पिरोया। 1926 में प्रकाशित, यह साहित्यिक कृति अपने युग से आगे बढ़कर न केवल वित्तीय सफलता बल्कि व्यक्तिगत विकास और स्व-सहायता रोडमैप पेश करती है।

आकर्षक प्राचीन बेबीलोनियन दृष्टांतों के माध्यम से, क्लैसन आधुनिक स्व-सहायता साहित्य की नींव रखते हुए सदियों पुराने सिद्धांतों को प्रदान करता है। इन कहानियों के मूल में सकारात्मक सोच निहित है – जो पात्रों को वित्तीय अज्ञानता से समृद्धि के शिखर तक ले जाती है। किसी के भाग्य को आकार देने वाले विचारों की धारणा एक मूलभूत विषय बन जाती है, जो तब गूंजती है जब पात्र मानसिकता में बदलाव करके परिस्थितियों को बदलते हैं।

इसके अलावा, क्लैसन लक्ष्य-निर्धारण की शक्ति को सहजता से एकीकृत करता है, क्योंकि पात्र स्पष्ट उद्देश्य निर्धारित करके और दृढ़ संकल्प के साथ काम करके जानबूझकर धन-निर्माण की खोज में लग जाते हैं। सिद्धांत न केवल वित्तीय माध्यम बनते हैं बल्कि व्यक्तिगत विकास के उत्प्रेरक भी बनते हैं।

जैसे ही पाठक क्लैसन की कहानियों के माध्यम से बेबीलोन की प्राचीन सड़कों को पार करते हैं, उन्हें प्रत्येक कहानी में अंतर्निहित स्व-सहायता बुनियादी सिद्धांतों का सामना करना पड़ता है। पात्र अनुशासन, सत्यनिष्ठा और सचेत निर्णय लेने की क्षमता से जूझते हैं। यह पुस्तक ज्ञान का भंडार बन जाती है जहाँ भाग्य का पीछा करना समृद्ध, उद्देश्यपूर्ण जीवन यात्राओं के साथ जुड़ा हुआ है।

इस सारांश में, हम पाठकों को वित्तीय और व्यक्तिगत सफलता के लिए आधारशिला के रूप में सकारात्मक सोच और लक्ष्य-निर्धारण की शक्ति का पता लगाने के लिए आमंत्रित करते हुए, "सबसे अमीर आदमी" सार को उजागर करते हैं। क्लैसन का कार्य युगों को जोड़ता है, महत्वपूर्ण जीवन विकास को मार्गदर्शन और प्रेरित करने के लिए शाश्वत अंतर्दृष्टि प्रदान करता है।

जॉर्ज एस. क्लैसन के 'सफलता के सिद्धांत':

"द रिचेस्ट मैन इन बेबीलोन" में जॉर्ज एस. क्लैसन के स्थायी ज्ञान के मूल में वित्तीय समृद्धि से परे एक कालातीत सफलता सिद्धांत निहित है – अनुशासित धन-निर्माण की कला। क्लैसन की उत्कृष्ट कृति पाठकों को न केवल वित्तीय विजय की ओर मार्गदर्शन करती है बल्कि व्यक्तिगत विकास के लिए महत्वपूर्ण सिद्धांत प्रदान करती है।

क्लैसन की कहानियों में बुना गया सबसे मूल्यवान सिद्धांत बचत और निवेश के प्रति दृढ़ प्रतिबद्धता है। बेबीलोन के पात्रों के माध्यम से, वह एक सरल लेकिन गहन आदर्श वाक्य के माध्यम से अनुशासित धन प्रबंधन की शक्तिशाली क्षमता को रेखांकित करता है – विनम्रता की परवाह किए बिना, भविष्य के निर्माण के लिए व्यवस्थित रूप से आय के हिस्से को अलग रखें। यह आधारशिला संघर्ष से समृद्धि तक की यात्रा को आगे बढ़ाती है।

अनुशासित धन-निर्माण पर क्लैसन का जोर व्यावहारिक वित्त से परे लक्ष्य निर्धारण और जानबूझकर जीवन जीने के रूपक तक फैला हुआ है। पात्र इस सिद्धांत को मूर्त रूप देते हैं कि सफलता रातों-रात नहीं बल्कि लगातार, उद्देश्यपूर्ण कार्यों से मिलती है। क्लैसन की रूपरेखा के अनुसार, समृद्धि का मार्ग व्यापक व्यक्तिगत विकास पथ को प्रतिबिंबित करता है।

इसके अलावा, क्लैसन का आदर्श वाक्य वित्तीय लाभ के लिए किसी की विशेषज्ञता का लाभ उठाने पर आधारित है। बेबीलोनवासी शिक्षा के माध्यम से लगातार सुधार करते हैं, धन-सृजन में ज्ञान अर्जन की महत्वपूर्ण भूमिका को पहचानते हैं, जिससे यह पेशेवर और व्यक्तिगत सफलता के लिए आजीवन सीखने और कौशल निर्माण के लिए एक स्पष्ट आह्वान बन जाता है।

जॉर्ज एस. क्लैसन का सबसे मूल्यवान सफलता सिद्धांत वित्त से आगे बढ़कर अनुशासित धन-निर्माण, निरंतर आत्म-सुधार और जानबूझकर ज्ञान की खोज की परिवर्तनकारी शक्ति को समाहित करता है। जैसे-जैसे पाठक प्राचीन बेबीलोन की यात्रा करते हैं, उन्हें मार्गदर्शक दर्शन की खोज होती है जो न केवल वित्तीय नियति को बल्कि जीवन के पहलुओं में महत्वपूर्ण विकास को आकार देता है। क्लैसन की बुद्धि एक प्रकाशस्तंभ बनी हुई है, जो समृद्धि की ओर उद्देश्यपूर्ण नेविगेशन को प्रेरित करती है।

उद्धरण:

"अपना पर्स मोटा करने के लिए शुरू करें।"

यह उद्धरण धन को धीरे-धीरे बचाने और संचय करने के महत्व पर जोर देता है। क्लैसन की शिक्षाएँ अक्सर अच्छे वित्तीय प्रबंधन के सिद्धांतों के इर्द-गिर्द घूमती हैं।

"हमारे कार्य हमारे विचारों से अधिक बुद्धिमान नहीं हो सकते।"

क्लासन विचारों और कार्यों के बीच संबंध को रेखांकित करते हैं। यह उद्धरण बताता है कि बुद्धिमान सोच ही बुद्धिमानीपूर्ण निर्णय लेने और व्यवहार की नींव है।

"अपना सोना कई गुना बढ़ाओ।"

यह उद्धरण निवेश करने और अपनी संपत्ति बढ़ाने के विचार को प्रोत्साहित करता है। क्लैसन रणनीतिक वित्तीय निर्णय लेने की वकालत करते हैं जिससे संसाधनों में वृद्धि हो।

जॉर्ज एस. क्लैसन की "द रिचेस्ट मैन इन बेबीलोन" धन-निर्माण और वित्तीय सफलता पर सबक देने के लिए दृष्टान्तों के रूप में प्रस्तुत शाश्वत वित्तीय सिद्धांतों का उपयोग करती है। इस पुस्तक को इसकी सुलभ और व्यावहारिक सलाह के लिए व्यापक रूप से पढ़ा और सराहा गया है।

~समाप्त~